大予測2025年

高市早苗が日本を取り戻す！

トランプ大統領と〝ディール〟できる保守政権へ

乾 正人
Inui Masato

ビジネス社

はじめに

激動の二〇二五年が始まった。

どんな年でも「激動の〇〇年」とつけるのはメディアの悪い癖だが、日本にとっても世界にとっても令和七年・西暦二〇二五年は、予め激動が約束された年になろう。

二〇二五年は、干支でいえば乙巳《きのとみ》の年に当たる。

中国四千年の知恵の結晶ともいえる十干十二支は、なかなか侮りがたい。

昨年（二〇二四年）は、甲辰《きのえたつ》だったが、甲は甲冑から兜を連想させ、辰は自然万物が振動し、活力が旺盛になる状態を表すという。

甲辰の年は、変革や激動の年になりやすく、現に二〇二四年は、アメリカでは、トランプが大統領選で圧勝し、日本では与党が歴史的惨敗を喫した。

では、乙巳の年はどうなるのだろう。

乙は、軋むを意味し、巳は植物が最大限まで生長したさまを示唆しているという。

乙巳の年は、古くは中大兄皇子と中臣鎌足が、蘇我入鹿を暗殺し、大化の改新が始まった年でもある（六四五年）。日露戦争で日本海軍がバルチック艦隊を打ち破ったのも乙巳の年（一九〇五年）だった。

二〇二五年は二十一世紀の分水嶺

今からちょうど八十年前、広島・長崎に原子爆弾が投下され、日本・ドイツが連合国に無条件降伏した昭和二十年・西暦一九四五年が二十世紀の分水嶺になったように、令和七年・二〇二五年が、二十一世紀の分水嶺となろう。

一九四五年の前年には、日本とドイツの敗勢が決定的になっていたように、激動の予兆は、二〇二四年に既に出ていた。

春秋の筆法風に書けば、二〇二四年十一月五日投開票された米大統領選で、ドナルド・トランプが「大接戦」の下馬評をあっさり覆して圧勝したことがすべての始まりとなった。

八十二歳のジョー・バイデンが辛うじて持ちこたえてきた米民主党流のリベラルな価値観がことごとく否定されたのだ。

力と力がぶつかり合う「自国第一主義」を基調とした弱肉強食の世界が、二〇二五年一月二十日の米大統領就任式典を合図に、ついに幕を開ける。

トランプが、どんな行動をとり、世界にどのような影響を与えるかは、追って詳述するが、日本も無関係ではいられない。いや、それどころか最も大きな影響を受けるのは、日本である可能性は極めて高い。

ポピュリズムの時代がやってきた

激動の予兆は、日本でもトランプが米大統領選に当選した十二日後、唐突にやってきた。二〇二四年十一月十七日に投開票が行われた兵庫県知事選挙は、日本にもＳＮＳ（交流サイト）による「ポピュリズム革命」が起きた日として長く記憶されるだろう。

日本では、二〇二一年にネット広告費がテレビ、新聞など既存メディアの広告費総額を上回ったが、民主主義の根幹である選挙への影響力でネットは、信頼性に勝る既存メディアより劣ると信じられていた。だが、兵庫県知事選挙で、その常識は簡単に覆った。

県議会が全会一致で不信任決議案を可決し、前兵庫県知事、斎藤元彦が退任したのは、二〇二四年九月三十日。それからわずか一か月半でＸやYouTube、インスタグラムなどＳＮＳを駆使して知事選を制し、復活したのだ。

兵庫県だけでなく、日本全体を揺るがせた「さいとう現象」についても後ほど詳述するが、日本にもポピュリズム政治と「分断」の時代が、ついにやってきたのだ。

幻と消えた「ドリームチーム」

世界でも日本でも激動の年となることが必至の二〇二五年、日本の政治状況は極めて深刻で不安定だ。

衆院で与党が過半数を占められない「少数与党」政権は、羽田孜政権など極めてまれで、いずれも短命で終わっている。

「大乱」の予兆は、前年に国民の審判という形で明確に出た。

二〇二四年九月二十七日、史上最多の立候補者九人で争われた自民党総裁選で、石破茂が決選投票で高市早苗をわずか二十一票差で破って念願の総裁の椅子に座った直後、きたるべき総選挙で自民党、いや公明党を含めた与党が過半数を大きく割り込もうとは、お釈迦様でもご存じなかったろう。

新政権発足直後、報道各社が実施した世論調査で、石破の支持率は軒並み五〇%を超え（歴代内閣より低水準とはいえ）、自民党支持率も上昇に転じた。

政治資金パーティー券をめぐる裏金問題の処理を誤り、退陣に追い込まれた岸田文雄は、決選投票で石破支持にまわり、事実上のキングメーカーとなった。

だが、彼が自民党立て直しの切り札として期待した、立候補者九人全員が総理大臣をはじめ内閣や党三役に起用される「ドリームチーム」は、結成されなかった。

石破は党幹事長に国対委員長だった森山裕を起用して、苦手な国会対策と党運営を丸投げし、内閣は村上誠一郎を総務相に、岩屋毅を外相に起用するなど、数少ない友人で要路を固めて、かつて激しく批判した第一次安倍晋三内閣と同じような「お友達内閣」をつくってしまった。

石破を除く総裁選に立候補した八人のうち、林芳正が官房長官を留任し、加藤勝信が財務相に起用された以外は、高市早苗も小林鷹之も茂木敏充も上川陽子も河野太郎も事実上無役で野に放った。小泉進次郎は、党選挙対策本部長に起用されたが、実質的な権限はなく、衆院選敗北の責任を取る形でさっさと政権から去っていった。

挙党一致とはほど遠い態勢では、各党が総力を挙げて取り組む政権選択選挙である総選挙を勝てるわけはない。

案の定、十月二十七日投開票の衆院選で、自民党は単独過半数どころか、二百議席を割り込む大敗を喫した。

どうする石破茂、どうなる日本

しかし、石破の運はまだ残っていた。

立憲民主党は、議席を約一・五倍に伸ばしたとはいえ、百五十議席に届かず、野党連立政権構想は、国民民主党が難色を示したため早々ととん挫した。

国民民主党は、衆院選公約の目玉とした「百三万円の壁打破」を実現するため、自民、公明両党と政策協定を結び、石破政権は何とか年を越すことができた。

だが、この僥倖が、いつまでも続くという保証はない。

二〇二五年、石破茂はどのような決断を下して政権を運営していくのか。

現在の自公体制に国民民主党を加えた「自公国三党連立体制」に移行できるのか。はたまた立憲民主党との大連立はあるのか。そして、政権はいつまで持つのか。

昨年の自民党総裁選で、惜しくも二位に敗れた高市早苗は、リベンジを果たして日本初の女性宰相の栄冠に輝くのか。

あるいは、立憲民主党代表の野田佳彦が、二〇二五年中に悲願の政権交代を実現させることができるのか。

一方、昨年初めて衆議院に議席を確保した新星、参政党と日本保守党は七月に予想される参院選でも輝く星となれるのか。

衆院選で一敗地にまみれた公明党と日本維新の会は、再起できるのか。

SNSが兵庫県知事選挙で巻き起こした「ポピュリズム革命」は、ますます猛威を振るうだろう。

そして日本の安全保障にとって死活的に重要なものとなる「台湾有事」は、二〇二五年起きるのか。

これから皆様とともに、独断と偏見で二〇二五年に起きるであろう日本政治のあれこれを大胆に予測していきたい。

なお、敬称は略させていただいた。あしからずご了承いただきたい。

二〇二五年一月

乾　正人

高市早苗が日本を取り戻す！　目次

はじめに

二〇二五年は二十一世紀の分水嶺……4
ポピュリズムの時代がやってきた……6
幻と消えた「ドリームチーム」……7
どうする石破茂、どうなる日本……9

第一章　トランプが石破を叱る日

田中角栄との因縁深く……23
主要官庁に人脈なく……26

米大統領選直後の会談を断られる……28
一番乗りを果たした竹下登……31
「五十一番目の州になればいい」……36
恩讐を超えて……39

第二章　日本版ポピュリズム革命のゆくえ

「11・17」ポピュリズム革命……43
SNSが創った「物語」……45
動揺するリベラル派……49
吹き荒れる「ポピュリズム」台風……52
参院選が日本政治の分水嶺に……54

第三章　再生できるか公明党

お祝いムードなき還暦……61
衝撃だった党代表落選……65
最盛期から三百万票減らす……67
「立党の精神」と池田大作……70
池田大作の死と衆院選敗北……72
運命の二〇二五年選挙……76

第四章　日本保守党と参政党は「台風の目」になるか？

「新参者」を阻む高い障壁……85

新興政党に冷たいメディア……87
参政党の勃興と内紛……91
結党一年で三議席獲得した日本保守党……95
真価問われる二〇二五年参院選……98

第五章 「台湾有事」は起きるのか

年々増大する中国リスク……105
習近平の消えぬ野望……108
着々と「能力」も向上……111
衝撃のＣＳＩＳシナリオ……117
二〇二五年に起きるのか……118
粛清相次ぐ人民解放軍……121

見逃せない「内乱」の兆候 …… 124

第六章　四つのシナリオ――二〇二五年に何が起きる？

前提条件①　三月までは石破政権 …… 133
前提条件②　北朝鮮は南進しない。ただし二〇二五年は …… 137
前提条件③　天変地異は起きない …… 142
帰ってくる「四人組」 …… 144
「安倍の遺志」を大義名分に …… 149
発火点は選択的夫婦別姓法案 …… 152
最初の主戦場は法務委員会 …… 156
自民党内は真っ二つに …… 159
シナリオ①　高市早苗政権誕生 …… 162

首相が党議拘束を外すとき……162
脆弱すぎる石破の政権基盤……164
シナリオ② 林芳正政権誕生……170
キーマンは「コバホーク」……170
高市と小林の連携はあるのか……173
漁夫の利狙う林陣営……175
シナリオ③ 蜘蛛の糸の「石破続投」……179
小石河連合との決別……180
「廃案」が次なる波乱の種に……183
「石破自民」は参院選も敗北……186
高市早苗か林芳正か……191
シナリオ④ 野田佳彦か玉木雄一郎か……192
二〇二四年は「少数与党」の年……192

内閣不信任案が成立するとき……194
衆参ダブル選の結末は……196
政界再編の引き金となる可能性も……199

第七章　高市早苗が日本を取り戻す日

三年前の高市早苗はこうだった……205
望ましい「二〇二五年の宰相」は……208
なぜ石橋湛山内閣は短命だったのか……209
小泉を「わが友」と呼んだブッシュ……212
険悪だったバイデンと安倍……214
「アベには貿易交渉で譲り過ぎた」……217
再びのトランプに対峙できるのは……219

高市が克服すべき「欠点」……221
麻生太郎の教えとは……225

エピローグ——この国には政界再編による強力な政権が必要だ

町田忠治という男……228
イデオロギーなき党……231
ポピュリズムと「現状打破」……233
政界再編のカギを握るのは……235

第一章

トランプが石破を叱る日

やはり野に置け蓮華草、だったのか。

令和六（二〇二四）年十月一日、石破は念願の首相に就任したが、やることなすこと裏目、裏目に出ている。

田中角栄との因縁深く

首相就任後、初めてお国入りしたときに乗った車が、鳥取市内の交差点で、赤信号のため停車した先導車の警察車両に追突してしまったのはまだましな方だ（首相の乗った車が事故を起こしたケースは、ほとんどない）。

自民党幹事長に起用した森山裕の言うままに、前言を翻して衆院解散を急ぎ、総選挙で大惨敗したのがケチのつきはじめだった。

外遊に出かけたはいいが、横柄に座ったまま各国首脳と握手しただの、主催国主催のディナーを途中で中座しただのと、散々に叩かれた。

極めつけは、ペルーで開かれたＡＰＥＣ首脳会議の合間に開かれた中国国家主席の習近平と会談したときの振る舞いで、無理に仏頂面を作りながらもつい、両手で握手してしまった。

「選挙じゃあるまいし、屈辱外交だ」と、メディアだけでなく、与党議員からも厳しく批判された。首相は、衆院代表質問で「私自身足らざるところが多々あった」と反省の弁を述べたが、後の祭り。

普通なら新首相就任から二か月くらいは、メディアも暗黙の「ハネムーン」期間として多少のことは大目に見るものだが、容赦がない。

産経新聞に至っては「目立つ首相の『孤独のグルメ』　会食わずか九回」と、わざわざ就任二か月間の会食回数を数えて首相の「ノミ（呑み）ニケーション」力の無さをあげつらった。

確かに下戸の菅義偉が六十八回、安倍晋三も三十一回会食して政界のみならず各界の要人と情報交換したのに比べて格段に少ないが、前任者（岸田文雄）の十回と大して変わらない。

基本的に首相は、鉄道とキャンディーズが大好きのオタクで、人見知りなのである。好きでもない人と会食するよりは、夜行寝台列車に乗るか、議員宿舎に戻って読書するのが性に合っている。

建設事務次官から鳥取県知事に転じ、参院議員在職中に亡くなった石破二朗を父に持つ茂は、最初から国会議員を目指していたわけではない。慶応義塾大学を卒業後、都市銀行でサラリーマン生活をしていた彼は、父の死で転機を迎えた。

父が所属していた田中派の総帥、田中角栄から「お前が跡を継げ」と厳命され、有権者の家をめぐる個別訪問を来る日も来る日も重ねた。両手で有権者としっかり握手するのも角栄直伝なのである。

一方、危ない橋を渡ってカネを集め、仲間と徒党を組んで権力を握る、というのは苦手中の苦手で、角栄とは大違いな政治家になった。それでも自民党総裁選に五度も挑戦したのだから、政治家とは因果な商売である。

首相になる前のように、青臭い「書生論」をテレビでぶち、ときの権力者には煙たがられても一服の清涼剤として有権者の人気を得ていたときが、最も生き生きとしていたのは、皮肉な話である。

主要官庁に人脈なく

昭和六十一（一九八六）年の衆参ダブル選挙以来、連続当選十三回、四十年近い議員歴を誇る石破は、自民党幹事長、政調会長は務めたことがあり、総裁選にも五度挑戦したが、実は主要閣僚（財務、外務、経産、官房長官）の経験がない（図表1―1）。

首席秘書官に石破は、防衛大臣時代の秘書官だった元防衛審議官、槌道《つちみち》明宏を起用したが、これまで財務、外務、経産のエリート官僚とはほとんど接点がなかったのも大きい。

彼は防衛省や防衛族議員の間では顔が利くが、他省庁の官僚とは、あまり交流がなく、「連日、各省庁との調整に四苦八苦している」（経産省幹部）状況だ。

図表1-1　石破茂の歩み

昭和32年	東京都千代田区生まれ。父・二朗は当時、建設事務次官
33年	父の県知事就任に伴い鳥取県に転居。 中学校卒業まで現・八頭町で育つ。
47年	慶應義塾高校に入学
50年	慶應義塾大学に入学
54年	慶大卒、三井銀行（現三井住友銀行）に入行
61年	衆院初当選。以降当選13回
平成５年	自民党を離党
6年	新生党に入党、新進党結党に参加
9年	自民党復党
14年	小泉内閣で防衛庁長官。初入閣
19年	福田内閣で防衛相
20年	総裁選に初挑戦。麻生内閣で農相
21年	野党転落後に政調会長
24年	2度目の総裁選で党員票1位ながら安倍晋三に敗北。幹事長に
26年	安倍内閣で地方創生相
27年	石破派を旗揚げ
30	3度目の総裁選
令和２年	4度目の総裁選で3人中3位に
3年	総裁選不出馬。石破派を解消
6年	5度目の総裁選で高市早苗を下し勝利。首相に就任

出所：「総裁までの歩み」日本経済新聞など

政権の命運がかかった「百三万円の壁」問題では、財務省から出向している秘書官が、たまたま国民民主党代表の玉木雄一郎と大蔵省（現財務省）同期入省で、気心がしれた仲だったため、なんとか調整ができたといわれる。

本来、官邸の要である首席秘書官には、安倍政権の今井尚哉に代表されるように、首相とつながりが深い財務省や経産省の大物官僚が起用されるのが通例だったが、石破にはそんな官僚は誰一人としていなかった。

ましてや外交儀礼のイロハを親身に教えてくれる外交官もいない。

「せめて外相をやっていれば、あんな無様なことにはならなかった」と、数少ない側近は嘆くが、時計の針は戻らない。石破にとって外交は鬼門になりつつある。

米大統領選直後の会談を断られる

何よりも最大の難関は、アメリカ大統領に返り咲いたドナルド・トランプとの関係だ。

アメリカの核の傘にいる日本にとって好むと好まざるにかかわらず、最重要な二国間関係は、日米関係である。中でも首脳どうしの意思疎通が円滑でないと、影響は甚大だ。

私はアメリカ大統領選投票日の二週間前、つまり日本では衆院選真っただ中、外務省幹部にこう聞いた。

「最終的にはトランプが勝ちそうだが、その場合は来年一月二十日の就任式前に、石破はトランプに会えるのか」

件の幹部は、「勝敗はまだまだわからない。ハリスが勝つかもしれない」と慎重な見通しを示しながらも「トランプ、ハリスのいずれが勝とうとも、ブラジルで開かれるG20（主要二十か国）首脳会議が終わった後、総理にアメリカに寄ってもらえるよう準備を進めている」と語っていた。

つまり、トランプが返り咲いても二〇二四年十一月中に、石破―トランプ会談がセットできると自信を示していたのだ。

これには伏線がある。二〇一六年の大統領選でトランプが勝利した際、外務省は直前まで当時の首相、安倍晋三に「ヒラリー・クリントンが勝つ」との情報を耳に入れ、大恥をかいただけでなく、就任式前の安倍―トランプ会談を「外交儀礼上、問題がある」と止めようとした〝黒歴史〟があったからだ。

名誉挽回を図ろうと外務省は、なんとか石破―トランプ会談を早期に実施しようとトランプ陣営と接触を図ったが、トランプ側の反応は冷たかった。

決定的だったのは、最初の電話会談だった。

石破は、トランプの当選直後、当選祝いの電話をフロリダの私邸にいるトランプにかけるよう外務省に指示したが、フランス大統領マクロンやイスラエル首相ネタニヤフら各国首脳とトランプの電話会談が報じられる中、電話はまったくつながらなかった。

ようやくトランプの方からかかってきたが、「いまパーティーの真っ最中だから」とわずかな時間で切られてしまった。日本側の公式発表は五分間だが、「実際は三分もあったかどうか」（関係者）という冷遇ぶりだった。

石破は、この電話でG20首脳会議出席後の会談実現を持ち掛けたかったのだが、トランプはその隙も与えなかった。

この時点で、外務省が下準備をしていた十一月中の石破―トランプ会談は、幻と消えた。

ある自民党幹部は、「トランプは安倍から石破の悪評を聞いているはずで、すぐに会う必要を感じなかったのでは」と観測する。

一番乗りを果たした竹下登

憲法を改正しない限り、トランプの任期は四年で終わる。

共和党は、二〇二四年十一月の選挙で、大統領ポストを奪還するとともに、上下両院の多数を占める「トリプルレッド」を達成した。だが、二年足らずで中間選挙があり、トランプは、内政の重要課題に二年足らずの間にトップスピードで集中的に取り組む方針だ。中でも彼が大統領選で最大の公約にした不法移民対策は、かなりの困難が予想される。

強制送還するにも不法移民の物理的抵抗が予想され、軍隊の出動もあり得る。米民主党の反対の他、相手国や州政府との調整も難航するのは必至だ。

外交では、一期目よりもさらに「アメリカ第一主義」を押し出していくはずだ。大統領就任前からトランプは、中国、カナダ、メキシコに高関税をかけると宣言したが、トランプの頭の中は、MAGA（メイク・アメリカ・グレイト・アゲイン）、つまり偉大なアメリカの復活しかない。

MAGAの邪魔をする中国を「敵国」扱いし、中国産品に高関税をかけるだけでなく、中国などからの輸出品の経由地となっているカナダやメキシコも容赦しない、というわけだ。

ウクライナ戦争に冷淡なのも同じ文脈だ。バイデン政権のような関与はせず、ロシア大統領・プーチンとの取り引きを重要視するのは確実だ。

米国務省日本担当者は「第二次トランプ政権での対日政策の優先順位は、盟友だった安倍晋三が亡くなり、目立った懸案もないので低い」と語る。

一方、石破官邸は、国会審議の壁にも直面している。

アメリカ大統領が交代し、一月二十日（米憲法で日にちが決まっている）に新大統領が就任した直後から、各国は競ってホワイトハウスへの「一番乗り」を目指す。「安倍―トランプ」関係のように、首脳間の個人的関係の構築が、国益に直結するためだが、竹下登は一九八九年二月二日、日本国首相として初めて「一番乗り」を果たした（次ページ・図表1―2参照）。

相手は共和党のジョージ・H・W・ブッシュ（ブッシュ父）。

昭和天皇が崩御した直後で、同月下旬に予定されていた大喪の礼へのブッシュ父参列を確かなものにするためにも、竹下は「超早期」の訪米を希望、外務省も総力を挙げて実現させた。

当時は、リクルート事件の捜査が進行中で、政治状況は深刻さを増してはいたが、衆院は自民党が圧倒的多数を占めていたため、首相訪米に支障はなかった。

安倍―トランプ会談も二月十日に行なわれたが、「安倍一強」状態の中、国会もすんな

図表1-2　新米大統領と首相の初会談

○＝日本の首相が初の訪問／1977以降、場所はワシントン

		米大統領	首相
	1977年3月22日	ジミー・カーター	福田赳夫
	1981年5月8日	ロナルド・レーガン	鈴木善幸
○	1989年2月2日	ジョージ・H・W・ブッシュ	竹下　登
	1993年4月16日	ビル・クリントン	宮沢喜一
	2001年3月19日	ジョージ・W・ブッシュ	森　喜朗
○	2009年2月24日	バラク・オバマ	麻生太郎
	2017年2月10日	ドナルド・トランプ	安倍晋三
○	2021年4月16日	ジョー・バイデン	菅　義偉

り認めた。

バイデンが大統領に就任した二〇二一年は、新型コロナウイルス禍が完全には終息しておらず、菅義偉の訪米は四月にずれ込んだが、菅は「一番乗り」を果たし、日米関係の緊密さを内外にアピールした。

しかし、石破は少数与党の哀しさ、予算委員長ポストを立憲民主党に握られ、外交日程に融通がきかない。二月は令和七年度予算案審議が衆院でヤマ場を迎えるときだからだ。

絶体絶命のピンチだった石破を救ったのは政敵だった安倍晋三の夫人・昭恵だった。夫人は二〇二四年暮れにトランプ邸に招かれ、就任式前の「首脳会談」に道筋をつけた。だが、石破―トランプ会談が実現しても、日本側の負うリスクはかなり大きい。それはなぜか。

「五十一番目の州になればいい」

さきに触れたように、第二次トランプ政権における対日政策の優先度は低く、トランプ自身も日本への関心は薄まっている。

しかも安倍晋三という最大の防波堤はいない。

その現実を否応なく突き付けられたのが、日本製鉄によるＵＳスチール買収問題だ。トランプは、二〇二四年十二月、自身のＳＮＳにこう投稿した。

「かつて偉大で強力だったＵＳスチールが外国企業、今回は日本製鉄に買収されることに私は全面的に反対だ」「一連の税金インセンティブと関税を通じ、ＵＳスチールを再び強く偉大にするだろう。私はこの取引を阻止する。買収者は用心せよ！」

日鉄は「米国産業界、米国国内のサプライチェーンの強靭化、米国の国家安全保障を強化するものと考えている」と反論したが、トランプの耳には届かない。

石破が早期にトランプと会談できても、彼の考えを変えることはできないだろう。何しろ、カナダに高関税をかけると宣言され、慌ててトランプのもとに駆けつけたカナダ首相・トルドーが「関税はカナダ経済を殺すもので受け入れられない」と懇願しても「カナダは米国から一千億ドル巻き上げないと生き残れないという意味か。それなら（カナダは）五十一番目の州になればいい」と本気とも冗談ともとれるブラフをかけた。トランプには、同盟国だから手心を加える、という感覚は全くないのだ。

安全保障政策も然り。

安倍は生前、トランプの安全保障に関する考え方について、端的にこう語っている。

「トランプは、『なぜ米国が西側諸国の負担を背負わなければいけないのか』という考え方を持っていました。西側の自由民主主義陣営と、中国、ロシアを中心とした権威主義的・覇権主義的な国が対峙する構図の中で、米国が西側をどうまとめ、中露の行動を変えていくのか、という発想は、あまり持ち合わせていないのです」（『安倍晋三回顧録』中央公論新社）

トランプ陣営では、NATO（北大西洋条約機構）加盟国の国防費をGDP（国内総生産）比三％に引き上げるよう要求する案を検討しているといわれている。

NATO加盟国は、アメリカの要望を受け入れてGDP比二％を達成したばかり。日本の防衛費は令和六年度にはGDP比一・六％まで増えたが、仮にトランプが日本にもGDP比三％の防衛費を要求してきた場合、受け入れれば、ほぼ倍の防衛費を捻出せねばならない。

GDP比二％の防衛費でも多額の増税が不可避で、有権者の反発が強いのに、「三％を容認すれば政権は持たない」（自民党幹部）のは火を見るより明らか。

かと言って「ノー」と断固として拒絶しようものなら、日本製品を狙い打ちにした関税引き上げを持ち出されるのは間違いない。よくても「じゃあ、五十一番目の州になればいい」と言われるのがオチだろう。

恩讐を超えて

トランプは、無類のゴルフ好きで知られている。

安倍は在任中、五度もトランプとラウンドをともにし、親交を深めた。

石破は慶應義塾高校時代、ゴルフ部に入っていたので、安倍と同じようにゴルフ外交をすればいい、と論評する向きもあったが、ナンセンスだ。

政治家になって以降、仲間の議員とラウンドをともにした、という話は聞いたことがない。しかも痛恨の発言をメディアにしている。

二〇一八年九月、自民党総裁選に出馬した石破は、対抗馬の現職・安倍のようにトランプとゴルフしたいかと問われ、「お世辞やおべんちゃらを言うのではなく、国益をもって不退転の決意で臨んでいると、相手に思ってもらうことが大切だ」と述べ、安倍のゴルフ外交を当てこすったのだ。

これでは、安倍のみならず、ゴルフ好きのトランプも敵に回したも同然。石破がトランプとの距離を縮めるためにすべきことは、ゴルフではない。突飛なようなことだが、石破が安倍の墓に詣で、これまでの恩讐を超えることである。トランプは、安倍—石破関係が険悪だったことを知っている。さすれば、墓参りをすることで、トランプの石破に対する見方も劇的に変わるはずだ。墓参り一つで日米関係が安定するなら、これほど安上がりなことはない。会談に道筋をつけた安倍夫人への恩返しにもなる。問題は、石破にそんなパフォーマンスができるかどうかだけなのだが……。

第二章

日本版ポピュリズム革命のゆくえ

令和六（二〇二四）年十一月十七日は、日本にも「ポピュリズム政治」の時代が到来した日として記憶されることになろう。従来の組織型選挙が通用しない観点からみれば、「ポピュリズム革命」といっても過言ではあるまい。

そう。この日は、兵庫県知事選の投開票日だった。県議会が全会一致で不信任決議案を可決し、石もて県庁を追われた前兵庫県知事、斎藤元彦が退任からわずか一か月半でXやYouTube、インスタグラムなどSNSを駆使して知事選を制し、復活したのだ。

「11・17」ポピュリズム革命

ポピュリズムは、大衆から人気を得ることを第一とする政治思想や活動を指す。政治学的な定義はさまざまだが、欧米で二十一世紀型「ポピュリズム政治」が隆盛になったのは、最近のことだ。

米ソ冷戦が終わり、二十一世紀に入って中東やアフリカから大量の難民を受け入れたドイツやフランスなど欧州でまず火が付いた。続いてアメリカでは、二〇一六年の米大統領選で、民主党や官庁、大企業を「大衆を搾取するディープステート（影の政府）」などと攻撃したドナルド・トランプが民主党のヒラリー・クリントンを打ち破り、二〇二四年に再び大統領に返り咲いてすっかり定着した。

二十一世紀型ポピュリズムは、各国によって多少の違いはあるものの、自国第一主義や排外主義と親和性が高く、ＳＮＳでの発信を大きな武器としている。ごく一握りの「勝者」が、世界の大部分の富を独占する流れを助長したグローバリズムへの強い反発と、支持者が新聞やテレビなど既成メディアを信頼していないことも共通している。

日本では、他の先進諸国と違って、戦後一貫して難民の受け入れに極めて消極的な入国管理政策を続けていたため、埼玉県川口市のクルド人問題など一部の例外を除いて移民・難民問題が社会で大きく取り上げられることはなかった。

そのためもあって二十一世紀型「ポピュリズム政治」は長らく日本に上陸しなかったが、元首相・安倍晋三の暗殺がすべてを変えた。

米国第一主義の権化であるトランプと盟友関係にあった安倍が、「日本版トランプ党」ともいうべき日本第一主義を信条とし、中国や韓国に潜在的な嫌悪感を持つ「超保守層」を自民党につなぎとめていたのである。

それが証拠に作家の百田尚樹らは、安倍なき後の自民党に失望し、日本保守党を立ち上げ、令和の御代に誕生した参政党とともに初挑戦した二〇二四年十月二十七日に投開票された衆院選では、両党あわせて三百万票以上の得票を獲得した。両党のあれこれについては後に詳述するが、それからわずか三週間後にポピュリズムの大波が、兵庫県に打ちつけたのだ。

SNSが創った「物語」

斎藤の「パワハラ疑惑」を集中豪雨的に報じて知事失脚に大きな役割を果たしたテレビと新聞は、出直し知事選の本番になると、「公職選挙法の軛」もあって「公平な選挙報道」

に終始し、真偽不明かつ玉石混淆ながらエキサイティングな情報にあふれていたＳＮＳに完敗した。

選挙期間中、既成メディアが発信した情報で県民の注意を引いたのは「稲村氏ややリード、斎藤氏が追う」（二〇二四年十一月六日・神戸新聞ＮＥＸＴ）といった世論調査を基にした情勢調査程度で（それすらも見通しを誤っていた）、斎藤の行く先々で黒山の人だかりができた「さいとう現象」さえほとんど報じなかった。

一方、ＳＮＳは、「既得権益の巣である県庁や県議会に一度は敗れたが、たった一人で再起をかけて戦う男」という映画「ロッキー」のような物語を創り、県民に広めるのに大きな役割を果たした。

選挙後、ＰＲ会社の女性社長が、斎藤陣営のＳＮＳ戦略を任せられたと自慢し、①種まき、②育成、③収穫の時期に分けて手を打っていったとタネ明かしして、公職選挙法違反の疑いで告発されたが、種まきの段階から巧みな演出があったのは間違いない。

県議会が全会一致で、不信任決議案を採択し、斎藤は失職を選ぶ。県庁を去る日、花束を用意して職員たちが玄関で見送りをしようとすると、彼は強く固辞したという。

たった一人で県庁から出ていく姿をテレビカメラに撮らせ、映像をＳＮＳで拡散させることによって「血も涙もない県庁組織に放り出されたというイメージを有権者に植え付けようとしたのでは」と、現職の県庁マンは語る。

そんな斎藤の強力な援軍となったのが、「ＮＨＫから国民を守る党」代表の立花孝志だ。彼は、県知事選に「斎藤前知事を当選させるため」立候補しただけでなく、ＳＮＳで斎藤擁護の情報を数多く発信した。

特にパワハラ疑惑を告発した元県民局長の自殺について「女性問題に関する個人情報が公表されるのを恥じたためだ」と断定したことが、選挙戦の流れを変えた。

テレビや新聞は、「プライバシーにかかわる不確かな情報は報道できない」という建前から黙殺したが、斎藤を支持する有権者には「既成メディアは真実の情報を隠した」と映った。一連の動画は再生回数千五百万回を超えた。

立花だけではない。斎藤を援護するユーチューバーが次から次へと現れ、「前知事はパワハラをしておらず、新聞やテレビは根拠なく報じている」といった言説が、全国に拡散した。

非営利組織・日本ファクトチェックセンターは、こういった風説について「根拠不明」と認定した。立花らが主張した「稲村氏が当選すると外国人の地方参政権が成立する」という主張に至っては「誤り」と断じた。

だが、そんな「正論」は、ＳＮＳが引き起こしたポピュリズムの熱狂にかき消されてしまった。

投票日の翌朝、人気アナウンサーの安住紳一郎が、ＴＢＳの情報番組で、「ＳＮＳと同じようなことは今のテレビにはできませんが、信頼感のある情報をＳＮＳと並んで、選択肢として選んでもらえるように、もう一度作業を丁寧に重ねていきたい」と一分半も反省の弁を述べたことは、放送業界が受けた衝撃の深さを物語る。

ＮＨＫ会長の稲葉延雄も二十日の定例記者会見で「どうすれば投票の判断材料を適切に提供できるか。公共放送として果たすべき選挙報道の在り方を真剣に検討していく必要がある」と語った。

二〇二四年七月、当初メディアが無名の新人扱いをした前安芸高田市長、石丸伸二が都知事選で巻き起こした「石丸現象」は、「さいとう現象」の先駆だったが、さらに進化して兵庫県に現れたのだ。

動揺するリベラル派

実際に私も「さいとう現象」をこの目で見てきた。

選挙戦終盤の令和六年十一月十二日午後七時。

ＪＲ加古川駅前で始まった「斎藤演説」は、開始前から異様な熱気に包まれていた。

街頭演説の場所は、前日夕刻にインスタグラムで告知されていた。演説開始の一時間ほど前から人々が続々と集まり始め、三十分前には、立錐の余地もなくなった。少し離れた歩道橋にも鈴なりの人だかりができ、聴衆は瞬く間に千人を超えた。

集まった人に聞くと、たまたま駅前を通ったら演説をやっていたから足を止めたのではなく、インスタグラムなどで会場を知ってわざわざ足を運んだ聴衆がほとんどだった。しかも「ＳＮＳで斎藤さんが旧勢力に陥れられたことを知って、応援しに来た」（四十代主婦）といったＳＮＳで「真相」を知り、「たった一人で戦う前知事を助けたい」感情にかられていた人々が大半だった。

街宣車から斎藤が降り、姿を見せただけで、拍手が巻き起こり、母親に抱かれた幼女までが「さいとうさ～ん」と掛け声をかけるなど、人気アーティストのライブ会場にきたような雰囲気だった。

彼の演説は、「自民党をぶっ壊す」と獅子吼《ししく》したかつての小泉純一郎のようなアジ演説タイプではなく、街宣車の上から四方八方にお辞儀をしてから静かに話し始めた。「メディアの報道は正しかったんでしょうか」といった聴衆に語りかけるスタイルで、県庁建替え中止や県立高の設備更新など自らの実績を淡々と述べていった。それでも聴衆は、ときにうなずき、ときに拍手して、最後には「さいとう、さいとう」という斎藤コールで街宣車を送り出した。

この異様な盛り上がりは、日に日に大きくなった。投票日前夜、神戸一の繁華街である三宮のセンター街前で行われた斎藤の「マイク納め」には、神戸の古老が「見たこともない」と驚いたほどの数の市民が、センター街を埋め尽くした。

ここで勝負あった。十一月十七日午後八時、投票が締め切られると同時に神戸新聞などは、「斎藤当選確実」を速報した。

斎藤当選は、メディアだけでなく、リベラル系知識人をも激しく動揺させた。

「反・安倍晋三」の急先鋒だった元文部科学次官・前川喜平は、X（旧ツイッター）に「真実が虚偽に敗れた、誠実が不実に敗れた、寛容が傲慢に敗れた、賢明が蒙昧に敗れた、正気が狂気に敗れた兵庫県知事選」とつぶやいた。翌日には「『バ○は死ななきゃ治らない』とは言わない。学べば治る。賢くなれる。斎藤を当選させた兵庫県民も」とまで兵庫県民を罵倒した。

タレントのラサール石井も「社会の底が抜けた。兵庫県民の皆さん大丈夫ですか。政治に無関心な人が、選挙に行かなかった人が、彼を当選させた」とXに投稿した。

事実は、投票率は五五・六五%と前回を一四・五ポイント以上も上回っており、石井説は、事実を直視していない。石井の言う「政治に無関心で選挙に行かなかった」人々が、SNSを駆使して繰り広げた「がんばれ斎藤」運動によって政治的関心を刺激され、投票所に行った結果が、「斎藤勝利」に結びついたのである。投票率が上がれば、リベラル系が勝利するというのは、過去の話になったのである。

吹き荒れる「ポピュリズム」台風

兵庫県知事選は、オールド・メディアの敗北だけでなく、既成政党の衰退をも白日のもとに晒した。

斎藤に敗れた前尼崎市長・稲村和美は、無所属で立候補したものの実質的には、与野党相乗りのオーソドックスな組織選挙を展開、県内二十九市中二十二の市長が支持を表明し、「本来なら圧勝していた」（陣営幹部）はずだった。

県内各所で開かれた街頭演説は、稲村支持を表明した地元の市長が口火を切って候補者を褒めたたえた後、本人が演説し、これまた地元の県会議員か市会議員が「投票用紙にはイナムラ・カズミ、イナムラ・カズミとお書きください」と連呼して締めるおなじみのものだった。

だが、街頭演説会場に集まった人々は斎藤の十分の一以下で、選挙運動最終日に地元・尼崎で行った最後の演説でも支援者以外は、街宣車の前を急ぎ足で通り過ぎていた。

そもそも県議会第一党の自民党は、独自の推薦候補すら擁立できなかった。

こうした「ポピュリズム革命」の流れは、二〇二五年、ますます顕著になるだろう。

試金石となるのが、七月に予定されている東京都議選だ。

都知事選で「石丸現象」を巻き起こした石丸伸二が、地域新党を立ち上げて都議選に殴り込む。

石丸は「二元代表制のあるべき姿、東京でいえば『知事与党』を私は是認するつもりはまったくない。あくまでも健全な二元代表制としての地方政治を目指している」と述べ、都知事・小池百合子に真っ向勝負を挑む姿勢をみせたが、具体的な政策をどこまで打ち出せるか。

都議選で「石丸現象」を「石丸旋風」に進化させられるかどうかが、ポイントだが、有権者は移り気だ。むしろ、既成政党の「ポピュリズム」化が進み、「石丸新党」の独自性を打ち消しにかかるだろう。

参院選が日本政治の分水嶺に

既成政党の中で、ポピュリズム化へ真っ先に舵を切ったのが、国民民主党だ。さきの衆院選を戦うにあたり、同党は「石丸現象」を徹底的に研究した。

その結果、YouTubeをはじめとするＳＮＳを駆使し、「百三万円の壁」打破をワン・イシューの争点に掲げたのが、ネット民を中心に受けた。特に比例代表では、公明党を抜く六百十七万票をとり、比例代表だけで十七議席を獲得した（候補者不足で三議席損をした）。選挙区を含めると、改選前の四倍にあたる二十八議席を獲得し、政局のキャスティングボートを握るに至った。

「石丸現象」に始まり、国民民主党の躍進、兵庫県知事選の結果を目の当たりにした自民党をはじめとする既成政党は、一斉にSNS対策に乗り出した。七月以降に予定されている参院選では、各党ともSNSを重視した選挙戦を戦うことになろう。

「SNSを制する者が天下を制する」事実が、ようやく各政党や国会議員に浸透したためだが、行く手には大きな落とし穴があいている。

なぜならば、何でもかんでもSNSで発信すれば、有権者の投票行動に影響を与えられるわけではないからだ。

政党や候補者が、自らの公約を網羅的に動画にしても、X（旧ツイッター）で発信しても、有権者の心には刺さらない。

さきほど指摘したように、兵庫県知事選では、斎藤サイドがSNSを武器として提示した映画「ロッキー」のごとき「物語」に、有権者の共感が広がり、立花という第三者が揮発性の強い燃料を投下したことが斎藤を「勝利」に導いた。

主戦場となったSNSで繰り広げられた言説は、フェイクニュースを含め、白か黒か、敵か味方かの二者択一を迫り、人間の感情に直接訴えかけるものだった。

「礼儀正しく温厚で、しかもたった一人で既得権益層と戦っている」斎藤像は、実際に知事の下で働いた県庁マンにとっては「嘘」であっても、街頭演説に集まった県民には「真実」に映ったのである。

「SNSを制する者」とは、問題を単純化し、「敵」を徹底的に攻撃し、解決策も「A案かB案かC案」かを問うのではなく、「A案一択」を有権者に自信を持って提示する政党ないし候補者なのである。

いまや世界中に九千五百六十二万人以上のフォロアーを持つドナルド・トランプのXやトゥルース・ソーシャルを見なければ、アメリカ政治は何一つわからない。

彼の主張は、MAGA（メイク・アメリカ・グレート・アゲイン＝アメリカを再び偉大な国にする）の四文字に集約され、人事も政策もＳＮＳで発表され、いきなり「Ａ案」のみが提示される。それでもトランプ支持者は熱狂的に支持している。

軍事にしろ、外交にしろ、内政にしろ、大きな政治課題では、解決策が「Ａ案一択」ということはあり得ない。Ａ案、Ｂ案、Ｃ案を論議して妥協を探るのが、従来型の政治だが、それらはトランプ支持者には、既得権益者の談合に映るのである。

そんな世界が、いよいよ日本にもやってくる。

争点を単純化し、敵と味方を峻別するＳＮＳ選挙を勝ち抜ける政党は、自ずと「ポピュリズム政党」にならざるを得ないのである。

二〇二五年の参院選が、日本政治の分水嶺になるのは確実だ。

第三章

再生できるか公明党

お祝いムードなき還暦

公明党は、令和六（二〇二四）年十一月十七日、結党六十周年を迎えた。

本来なら盛大な記念式典が開かれてしかるべきところだが、にぎにぎしい式典はなく、党内にはお祝いムードのかけらもない。

辛うじて党機関紙の公明新聞が、代表に就任したばかりの代表・斉藤鉄夫名の『日本の柱』担う公明党　立党精神胸に強靱な党築く　長年の真心からのご支援に感謝」との見出しがついた「結党六十年を迎えて」と題する長文のメッセージを掲載した程度だった。

このメッセージの行間に現在の公明党が置かれた環境の厳しさと斉藤の苦衷がにじみ出ているので、少々長いが紹介しよう。

「日本の柱　公明党」「大衆福祉の公明党」――。

一九六四（昭和三十九）年十一月十七日、墨痕鮮やかに書かれた二つの垂れ幕が掲げられた東京・両国の日大講堂で、公明党の結成大会が開かれました。

以来、六十星霜。公明党はこのスローガンを体現すべく、戦い抜いてきました。

当初、どの政党からも見向きもされなかった「福祉」を政治の主流に押し上げ、今や「全世代型社会保障」へと結実。軽減税率やバリアフリーなど生活者目線の政策を形にしました。また約二十二年間、自公連立政権の一翼を担い、日本政治の安定と、そのかじ取りを果たし続けています。

離合集散の激しい政界にあって、こうして公明党が風雪に耐え、活躍できるのも、ひとえに党員、支持者の皆さまの真心からのご支援のたまものです。

「公明党とともに人生を歩んでこられたのが誇り」と振り返られる方々も少なくありません。党代表として、全ての方々に深く感謝を申し上げます。

公明党には、党創立者の池田大作・創価学会第三代会長が示された「大衆とともに語り、大衆とともに戦い、大衆の中に死んでいく」との立党精神があります。

この立党精神に基づき、公明党は、現場第一主義に徹する行動力、小さな声を聴く力、国と地方のネットワークを生かした政策実現力を培い、それを持ち味としてきました。

全国で約三千人を擁する地方議員と国会議員は日夜、地域に飛び込み、現場で聴いた声を政治に届けています。こうした力がある限り、公明党は存在感を発揮し続けられると強く信じています。

先の衆院選の結果を受け、少数与党となった自公政権は、厳しい政権運営を迫られています。だからこそ、合意形成の要役、国民本位の政策実現の推進力として〝公明党らしさ〟が今、求められる時だと確信します。

多くの国民が関心を寄せる政治改革や物価高対策、少子化対策などの政治課題の克服に全力を挙げる決意です。

来年夏には都議選、参院選など負けられない選挙が続きます。

全議員、党員、支持者が一致団結し、どんな困難な状況でも勝ち抜ける強靭な党、そして国民から信頼される清新で温かい党の基盤を築いて、反転攻勢に打って出てまいりたい。私自身が、その先頭に立ってまいります。全てに勝利し、結党七十年、百年へ、公明党の新たな歴史を切り開こうではありませんか。

（令和六年十一月十七日付公明新聞）

ある党関係者は、「代表が『大衆とともに』という創立者である池田大作が掲げた立党の精神を強調しなければならないほど、今の公明党は窮地に立っている。結党以来、最大の危機と言っていい。だからこそ一致団結を呼びかけているんだ」と、メッセージの真意を語る。

令和六年十月二十七日に投開票された衆院選における最大の敗者が、石破茂率いる自民党であったのは疑いようがないが、同じ与党である公明党の受けたダメージも自民党に勝るとも劣らない深刻なものだったのだ。

衝撃だった党代表落選

議席数、得票数ともに前回衆院選より大きく減らしたのみならず、何よりも十五年にわたって代表を務めた山口那津男からバトンタッチを受けたばかりの代表・石井啓一までもが落選してしまったことが大きかった。

公明党とその支持基盤である創価学会にとって「勝利」こそが、すべてだ。

ある学会員は、「選挙に勝つことが信心の強さを示すことになる」と言う。

だからこそ、党の顔である代表は、衆院選に出馬する場合、比例代表で重複立候補することが事実上できない。ことに、創価学会でも公明党でも将来を嘱望され続けてきた石井には、選挙区で勝ち切ることが、新たなリーダーとして暗黙のうちに求められた。

石井は東京大学工学部を卒業後、建設省に入省し、道路局路政課課長補佐などを歴任した創価学会期待のエリート官僚だった。

政界に転出したのは平成五（一九九三）年で、衆院旧東京三区から立候補し、三位ながら初当選した（当時は中選挙区制）。

初当選直後には、公明党も参加した非自民連立政権が発足。一時公明党が合流した新進党時代を含めて党内で出世街道を順調に進み、平成二十七（二〇一五）年十月には、安倍晋三政権で国土交通大臣に就任した。

以来、三年十一か月にわたって国土交通大臣を務めた。国土交通大臣の在任日数は千四百三十五日にのぼり、歴代最長記録を打ち立てた。

その後は公明党幹事長に抜擢され、令和六年九月には党代表に上り詰めた。

それからわずか一ヵ月後の初陣に敗れたわけだから党内の動揺は大きかった。いや、大きすぎた。

特に負け方が深刻だった。

連立政権のパートナーである自民党の「派閥パーティー券裏金事件」が巻き起こした逆風がもろに影響したとはいえ、石井が立候補した衆院埼玉十四区は、草加、八潮、三郷の三市から構成され、新興住宅地が多いながらも比較的保守色が強い土地柄だ。

にもかかわらず、当選した国民民主党の鈴木義弘に一万票余りも差をつけられ、六万二百四十九票しか獲得できなかった。

公明党は新たに衆院選挙区で候補者を擁立する際、徹底的な票読みをする。

「埼玉十四区は区割り変更があったため自民党が公明党に選挙区を譲った選挙区で、創価学会員も比較的多く、余裕をもって勝てるとみていた」と関係者が語っていたほど。当選した鈴木は、インタビューで「アリさんがゾウを倒した」と喜びを語ったが、それほどまでに公明党の集票力は確実に落ちてしまったのだ。

最盛期から三百万票減らす

それを象徴するのが、衆参両院選挙での比例代表得票数の推移である（次ページ・図表3−1参照）。

図表3-1　公明党の比例得票数

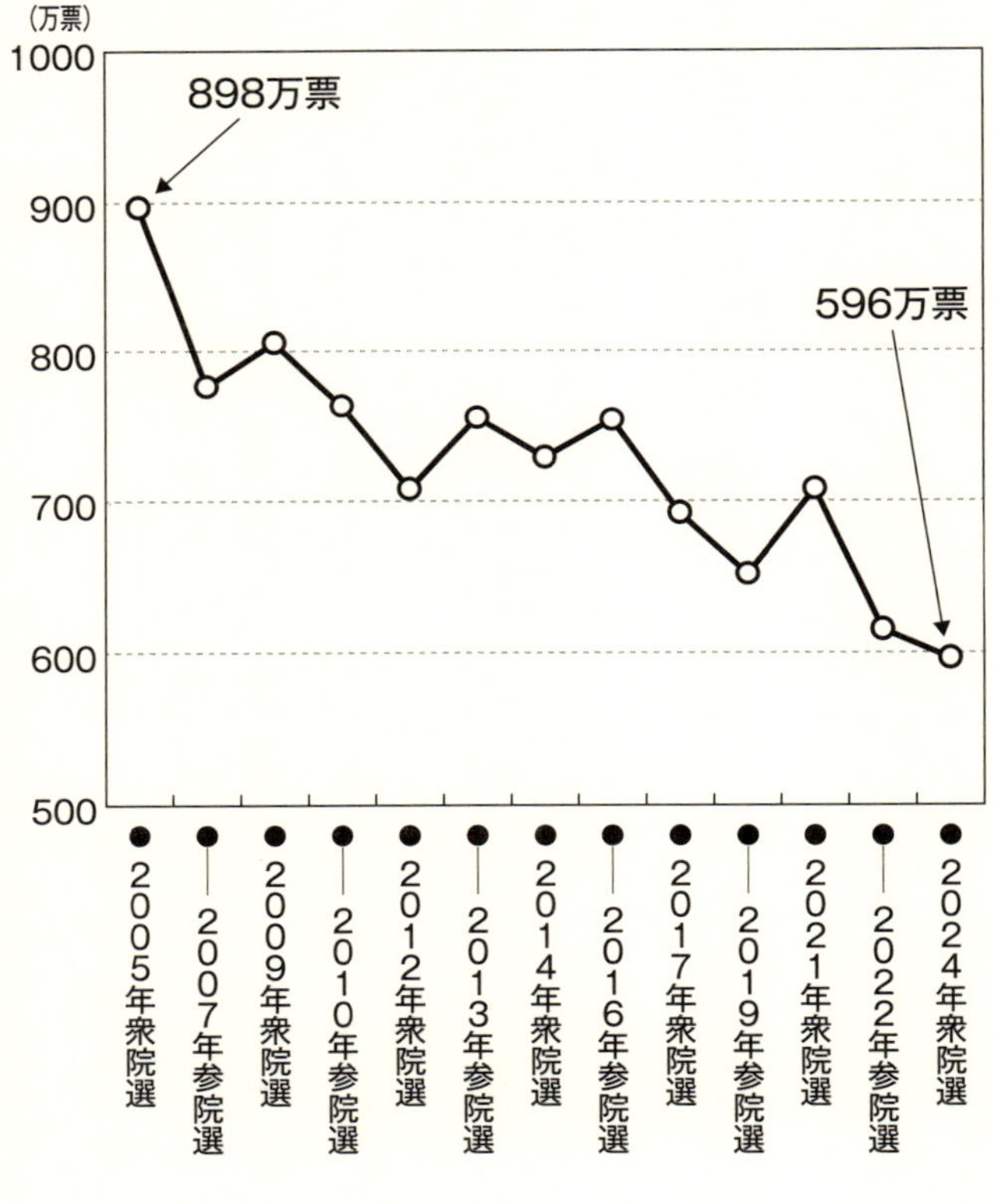

平成十七（二〇〇五）年の衆院選で、公明党は全国で計八百九十八万票を獲得した。これが過去最高で、その後はこの得票を超えられていない。文字通り空前絶後だった。

このときの衆院選は、郵政民営化の是非が主な争点となり、「郵政選挙」と呼ばれた。選挙戦では、全国いたるところで小泉純一郎旋風が巻き起こり、小池百合子ら「刺客」がお茶の間の話題をさらっていた。連立与党を組んでいた公明党は霞んでしまい、議席を減らすのではないかとの予想すらあった。

しかし、公明党の支持母体である創価学会は組織をフル稼働させ、下馬評を覆した。もちろん、選挙基盤が十分でない「刺客」候補たちが、創価学会票を固めるため「選挙区は〇〇、比例代表は公明党とお書きください」と呼びかけた効果もあったが、何よりも創価学会が今よりもよほど元気だったことが大きい。

この頃は、創価学会第三代会長の池田大作が健在で、学会拡張期に若手だった学会員が、壮年となって各地で中堅幹部となり、活動量が極点に達した時期と重なる。

以降、選挙によってバラつきはあるものの、徐々に減っていき、令和六年の衆院選（比例代表）では、ついに六百万票を割り、五百九十六万票にとどまった。

二十年足らずで三百万票以上も減ってしまったのだ。

「立党の精神」と池田大作

左派系の東京新聞は、公明党がさきの衆院選で敗北した理由を次のように論じている。

「支持母体である創価学会の高齢化に加え、『清潔な政治』『平和の党』という立党の精神より自民党との連立維持を優先したことが退潮の要因であろう。党再生には原点回帰を行動で示すほかない」（令和六年十一月二十日付東京新聞社説）

同社説は、「与党が過半数割れした今こそ、主張が重なる野党と手を結び、自民党に政策転換を迫るべきだ」と主張しているが、さてどうだろうか。

確かに創価学会員の高齢化は、退潮の要因の一つではあるが、連立維持を優先したために票が減ったわけではない。

そもそも公明党立党の精神の根本は、「清潔な政治」や「平和の党」なぞではない。
政治と宗教の関係について造詣の深い作家の佐藤優は、公明党が結党五十年を記念して刊行した「大衆とともに――公明党五十年の歩み」が、池田大作を党の創立者として明記したことを評価して、こう喝破している。

「(公明党は) 創価学会会長としての創立であること、『大衆とともに語り、大衆とともに戦い、大衆の中に死んでいく』という方針も池田大作氏が打ち出したものであること――その二つが(同書の『はじめに』の中で) 明示されている」

(「佐藤優の『公明党』論」第三文明社)

まさしく新代表となった斉藤は、結党の理念を打ち出した「池田大作路線」への回帰を訴えたのである。

その「池田大作路線」を端的に示す理念が、今では党綱領から消えてしまった「王仏冥合」なのだ。

王仏冥合とは、仏法の生命尊重、慈悲の精神が、あらゆる人間の営みや文化に定着することを指す。

もっと簡単に言えば、仏法に基づく政治を実践する、即ち政治と宗教の融合である。「清潔な政治」も「平和の党」も王仏冥合の表層にしか過ぎない。

佐藤は、こうも指摘している。

「日本には、現実的な政治力を持つ『宗教政党』は公明党しかない。それは言い換えれば、公明党以外の政党は、世俗的な力の範囲内で合従連衡、権力の分配を繰り返しているだけだということだ」(前掲書)

もうおわかりだろう。

公明党退潮を呼び込んだのは、自民党べったり路線を選択したことではない。もっと大きな要因が、前年に起きたのだ。

池田大作の死と衆院選敗北

令和五（二〇二三）年十一月十五日、池田大作が死去した。九十五歳だった。闘病のため十年以上も前から表舞台から消えていた池田だったが、その影響力は絶大だった。

終戦直後、創価学会第二代会長の戸田城聖と出会ったことをきっかけに、十九歳で入会した池田は、折伏《しゃくぶく》活動や会員獲得に剛腕を発揮し、昭和三十五（一九六〇）年に第三代会長に就任。戦後隆盛になった新興宗教団体の一つに過ぎなかった創価学会を短期間で公称八百二十七万世帯を数える巨大宗教団体に育てあげた。

それだけではない。公明党を創立して政界に進出、「王仏冥合」の道をひた走った。

創価学会は、彼の死去を十八日に発表したが、当時の首相・岸田文雄は翌朝、東京・信濃町の学会本部別館を弔問に訪ねたほか、中国など世界各国から弔意が寄せられた。

カリスマの死は、じわりとだが、確実に創価学会員の政治に対する熱情を減衰させている。知人で熱心な創価学会員は「先生（池田大作）が亡くなってから、『池田先生の為に選挙を頑張ろう』という気持ちが薄れたのは確か」と語る。

ことに「常勝関西」と呼ばれた大阪での得票の落ち込みは象徴的である。

令和六年の衆院選で、公明党は大阪府内で前回全勝した三、五、六、十六区で候補者を擁立したが、すべて敗れた。大阪の小選挙区で公明党は、民主党が政権交代を果たした平成二十一（二〇〇九）年の総選挙でも敗北したが、負け方がまるで違う（図表3−2）。

平成二十一年に敗北したときは、前回衆院選で全勝したときとほぼ同じ得票を獲得していた。ところが、令和六年の選挙では三割以上も得票を減らしているのだ。

大阪は、池田大作と創価学会・公明党にとって特別な地だ。

公明党の前身である創価学会文化部は、昭和三十一（一九五六）年、参院選に初挑戦し、大阪地方選挙区から立候補した白木義一郎が大方の予想を覆して初当選したのだ。

それだけではない。翌年に「大事件」が起きるのだ。

同年行われた参院補選でも創価学会文化部は、候補を擁立するのだが、落選。しかも陣営がタバコなどを配って有権者を買収したとして、公職選挙法違反で池田は逮捕されてしまう。しかし、裁判闘争で池田は無罪判決を勝ち取り、彼のカリスマ性をいやがうえにも

図表3-2　衆院大阪4選挙区の公明党得票

	2009年	2021年	2024年
大阪３区	97,121 落	79,507 当	52,107 落
大阪５区	97,604 落	106,508 当	65,872 落
大阪６区	107,336 落	106,878 当	69,058 落
大阪16区	84,883 落	84,563 当	55,474 落

当＝当選　落＝落選

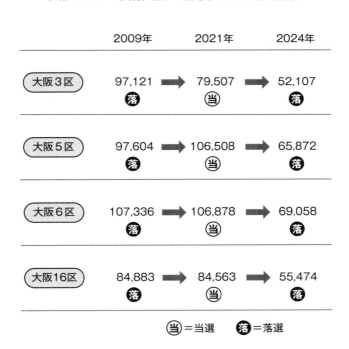

高める結果となった。

そんな公明党揺籃《ようらん》の地と言うべき大阪での退潮は深刻だ。ことに衆院選の時期は、日本維新の会が、兵庫県知事問題などで窮地に陥っていた時期だけに態勢の立て直しは容易ではない。

運命の二〇二五年選挙

では今後、公明党はどうなっていくのだろうか。

斉藤体制の試金石となるのが、今年七月に予定されている東京都議会議員選挙とそれに続く参議院選挙である。

公明党が最も力を入れている選挙の一つが、都議選である。毎回、国政選挙と同等、いやそれ以上の取り組みをしている。

というのも昭和二十七（一九五二）年に東京都知事が創価学会を宗教法人として認証し

た経緯があり、都は監督官庁でもある。理論的には、都知事が宗教法人としての創価学会の生殺与奪を握っているといえ、都議会で与党のポジションを維持することは、至上命題といっても過言ではない。だから、中央で自民党と連立政権を組んでいようと、都政では一時自民党と距離を置き、小池百合子が創設した都民ファーストの会とべったりだったのも何の不思議でもないのである。

公明党は前回（令和三年）の都議選で、苦戦が伝えられながらも二十三人の候補を擁立し、全勝した。平成五（一九九三）年の都議選以来、八回連続の全員当選で、公明新聞には「新たな完勝の歴史刻む」の大見出しが躍った。

今回（令和七年）の都議選では、目黒区では擁立を見送るものの、前回並みの二十二人の候補者を揃え、「全勝」を期している。

だが、「状況は前回以上に厳しい」というのが、都政関係者の一致した見方だ。

公明党では、党の内規として在任二十四年（六期）を超えると七期目は立候補を辞退することになっているが、特例を複数認めた。「新人ではとても勝てない」（関係者）という強い危機感の表れでもある。

七月の都議選で、「二十二人全勝」ができるかどうかが、斉藤体制の最初の関門となる。続いて行われる参院選は、徹底した「守りの選挙」にならざるを得ない。

というのも都議選は、公明党にとって東京だけの地方選挙ではなく、全国各地から党員が都議選の応援に入るため、どうしても参院選への取り組みが後回しになるからだ。

前回（令和四年）の参院選で、公明党は東京、大阪、神奈川、愛知、埼玉、兵庫、福岡の七選挙区七人、比例代表で六人の計十三人が当選した。このうち比例代表では、全国で約六百十八万票を獲得した。

六年前は、選挙区でやはり同じ七選挙区七人、比例代表は七人当選で約六百五十四万票の票を得た。

公明党にとって次期参院選は、選挙区の七議席を守り切り、比例代表の票を六百万票台に押し戻すことが目標となる。

非改選議席とあわせて二十六議席を確保すれば、退勢に歯止めがかかるからだ。

しかし、都議選「全勝」と参院選での現状維持を同時に達成するのは、極めて難しい状況だ。

さきに指摘したように、公明党の選挙を支えてきた創価学会員の高齢化とカリスマ・池田大作の死去が都議選と参院選に暗い影を投げかけている。

カリスマがこの世を去り、成熟期を迎えた学会が、かつてのようなパワーを選挙で示すことは至難の業だからだ。

その一方で、五百万票以上の得票を獲得できる「宗教政党」は、予見できる範囲（二〇四〇年ごろまで）では出現しそうにない。

今後、公明党が獲得できる票は右肩下がりに減っていくだろうが、しばらくは衆議院選挙でも参議院選挙でも五百万票台はキープできるだろう。

この得票数は、共産党をはるかに上回るだけでなく、参政党と日本保守党をあわせた「強固な保守票」計三百万票をも凌駕している。

「宗教政党」の強みは、爆発的な国民的人気は得られないものの、固い組織に支えられ浮き沈みが比較的少ないことだ。

衆院選では選挙区での勝負にこだわらず、比例代表のウエイトが高い参院選や都議選など地方選挙に注力すれば、政局のキャスティングボートを握り続けるのは可能だ。

そのためには、候補者全員当選や幹部の衆院選挙区での勝利にこだわらないことだ。党幹部の一人も「衆院の選挙区で出馬する候補者は、全員比例代表と重複立候補すればいい。そうでないと誰も選挙区から出られなくなる」と語る。

それでも公明党は、都議選での全員当選と参院選での十三議席確保を目指して死に物狂いの戦いをするだろう。

その結果がどう出るか。「常勝関西」の神話が、大阪で崩れたいま、公明党・創価学会は、まさに剣が峰に立たされている。

公明党・創価学会にとって、二〇二五年は、まさに運命の年となった。

第四章

日本保守党と参政党は「台風の目」になるか？

日本の経済成長力が先進各国に比べて弱いのは、市場への新規参入を阻む高い規制の壁があるからだ、という説がある。

確かに日本にはずば抜けた成長力をもつフレッシュな非上場の「ユニコーン企業」が、欧米や中国に比べて圧倒的に少ない。

二〇二四年一月現在で、世界にはＴｉｋＴｏｋを運営する中国のバイトダンス社、イーロン・マスクが創立したスペースＸ社など千二百社以上のユニコーン企業が存在するが、日本はスマートニュース社などわずか八社しかない。

ユニコーン企業とは、①企業の時価評価額が十億ドル以上②創業十年以内③未上場企業─の三条件を満たす新興企業を指す。かつてはグーグルもフェイスブック（現・メタプラットフォームズ）もユニコーン企業だった。

日本でユニコーン企業が、圧倒的に少ない理由は、起業家になろうという野心あふれる若者が少なく、依然として有名大学卒業者の多くが大企業に就職したがるなど安定志向が強いほか、ベンチャーキャピタルの投資額が少ないなどさまざまある。

だが、最大の要因は、既得権益者が新規参入者を排除するための規制が細かく張り巡らされているからではないか。

端的な例が、なかなか進まないライドシェアだ。

「乗客の安全が担保されない」などと、既得権益を持つタクシー業界が強く反対しているため規制緩和が進まず、令和六年十二月現在、全国的にはほとんど普及していない。

私は北海道夕張市を令和六年初夏に訪れたが、炭鉱が廃坑になって以来、人口減が止まらない同市中心部ではタクシー会社が一社しかなく、電話でタクシーを呼んでも一時間半後にしか配車できない状況だった。

ライドシェアが解禁されれば、新たな雇用を増やすばかりか、観光客の足が確保されて観光産業も潤い、大きな経済効果を生み出すはずなのにできていない。

その大きな元凶が、既得権益側（大企業や労組、巨大宗教団体）の代弁者となりがちな既成政党が主導権を握る政治にあるのは、論をまたない。

「新参者」を阻む高い障壁

だから、というべきか政治の場もまた参入障壁が高い。

障壁の第一は、選挙に出馬するときに徴収される供託金の法外な高さである。衆議院選挙に小選挙区から出馬する場合、三百万円、比例代表では六百万円（選挙区と重複立候補する場合は三百万円）もかかる。

全国十一ある比例代表ブロックに各二人ずつ候補者を出すだけでも計一億三千二百万円を用意しなければならない。

しかも選挙区の場合、得票総数の一〇％を割れば一銭もかえってこない。比例代表も当選者がゼロ、あるいはごく少数ならほとんどが没収される。

共産党の場合、令和六年の総選挙で小選挙区に二百十三人が出馬したが、うち百四十三人の供託金が没収され、選挙区だけで四億二千九百万円が泡と消えた。

同選挙で躍進した国民民主党は、比例代表の供託金を節約したためか、比例代表の候補者数が足りず、三議席損をした。

参議院も同様で、選挙区で三百万円、比例代表で六百万円払わねばならない。都道府県知事選でも三百万円、政令市長選では二百四十万円徴収される。

世界中を見渡しても日本ほど高い供託金を徴収する国はない。

二〇二四年末時点で、ＯＥＣＤ（経済協力開発機構）加盟三十八カ国中、供託金をとっているのは、わずか十三カ国のみ。

Ｇ７（主要七カ国）で、供託金制度があるのはイギリスのみで、しかも五百ポンド（約十万円）にしか過ぎない。

カナダはつい最近まで供託金制度があったが、違憲判決が下され、有権者百人が推薦書に署名すれば立候補できるようになった。

供託金制度は、売名のための冷やかし立候補を抑制しようという目的で設けられたものだが、新政党にとって大きなハンディとなっている。

新興政党に冷たいメディア

日本のメディアも議席を持っていない新参者の政党や候補者には至って冷淡だ。公職選挙法など関連法案が、「議席のない政党を報道で扱ってはならない」と規定しているわけでも何でもないのだが、テレビ局は選挙が近づくと、自民党をはじめ既成政党に忖度する傾向にある。

ＮＨＫは、予算案を国会で議決してもらわなくては一分たりとも放送できず、民放テレビ局は許認可権を総務省に握られているからだ。

令和六年の総選挙でも公示段階で議席を獲得する可能性があった日本保守党を、ＮＨＫをはじめ民放主要五局はどこも討論会に呼ばなかった。

参院で議席を有していた参政党も、日本記者クラブが公示直前に開催した各党討論会に「直近の国政選挙での得票率二％獲得以上と国会議員数五人以上」という参加基準を満たさなかったとして、社民党とともに出席できなかった。

もともと選挙期間中にテレビで行われる各党代表が出席して開かれる討論会は、得票率や議席数の足切りはあるものの、七人も八人も壇上に並んで進行するので、とりとめがなく、しかも短いやり取りに終始してしまうのが常だ。

わざと討論をつまらないものにして、投票率を下げようとしているとしか思えないのだが(これは冗談。担当者は真剣に取り組んでいるのだが、制約が多すぎる)、それでも有権者にとっては投票する際の貴重な情報源となっている。

その場から「自動的に」排除されている議席を持たない新興政党が、既成政党に比べてはるかに不利なのは言うまでもない。

法律などで取り扱いが決められている政見放送も、新興政党や無所属の候補者には、圧倒的に不利な仕組みになっている。

衆院選は、「政党本位の政権選択選挙」が建前になっているため、無所属の候補者は、比例代表には立候補できず、小選挙区から立候補しても経歴しか紹介されない。候補者がどんな考えを持つ人物なのか、どんな政策を訴えようとしているのか、全くわからない。

政党公認の立候補者でさえ、中選挙区時代と違って政見放送は、政党ごとにまとめて放送されるので、個々の候補者は、「頑張ります」くらいしかアピールできない。

政見放送の放送回数も候補者の多い自民党や立憲民主党、共産党に有利な仕組みになっている。

例えば、小選挙区への立候補者が一つの都道府県内で二人以内なら一回しか放送されないが、十二人以上なら八回放送される。「また同じ放送をやっている」と感じて、他の番組にチャンネルをかえる読者の皆様も少なくないのではないか。

選挙区で立候補する新興政党や無所属候補者が、既成政党の候補者と平等に扱われるのは、各家庭に配られる昔ながらの選挙公報だけ。

選挙区の供託金は、同じ三百万円だから割に合わない。

しかも公職選挙法で戸別訪問が禁止されているのも、新興政党や無所属候補にとって足かせとなっている。密室で候補者と有権者が会えば、買収が頻発しかねない、というのが戸別訪問禁止の主な理由だが、有権者を馬鹿にしている。

戸別訪問は、大正十四（一九二五）年に普通選挙法が制定されたときに抱き合わせで禁止された。買収もさることながら、政府が選挙運動にかこつけた無産（共産）運動の広がりを警戒したからだとも言われているが、時代遅れも甚だしい。

最高裁は「戸別訪問の禁止は合憲」との判決を下しているが、アメリカでは共和党でも民主党でも候補者や支援者が活発に戸別訪問し、政策を訴えている。

アメリカどころかＧ７（主要七カ国）で戸別訪問を禁止しているのは、日本だけ。Ｇ７だけでなく、普通選挙を実施している国で戸別訪問を禁止している国は極めてまれだ。

公職選挙法に詳しい弁護士は、「議席を持たない新しい政党は、百メートル走なのに二百メートル走らされるようなもの」と表現しているが、国会での公職選挙法改正の動きは鈍い。

参政党の勃興と内紛

そんな中、令和に誕生した新興政党であるれいわ新選組と参政党が着実に議席を獲得、成長しているのは注目に値する。

れいわ新選組のあれこれについては、またの機会に譲ることにするが、参政党も大きなハンディを負っての出発だった。

参政党が国政選挙に初挑戦した令和四（二〇二二）年の参院選の投票日前に同党の動向を詳しく報じた新聞、テレビは私がチェックした限り、ほとんどなかった。

このとき私は、産経新聞「風を読む」で次のように書いた。

「既成政党を尻目に、いま最も『熱』を感じるのが、泡沫政党視されていた参政党である。『投票したい政党がないから、自分たちでゼロからつくる』をキャッチフレーズに、ネット中心に運動を続けているが、新橋駅前などの街頭演説には立錐の余地がないほど文持者が詰めかけている。たまたま昼飯を食べに通りかかった我が先輩は、三十分近く空腹を忘れて演説に聞き入ったという。三年前の参院選は、投票率が五十％を割り、投票に出かけた二十歳代以下の若者は三人に一人もいなかった。政治には関心があるが、投票したい政党はない、という人々に刺さる政策をどうして既成政党は打ち出せないのか」（令和四年六月二十一日『産経新聞』）

このころ参政党は、新橋駅前でしばしば街頭演説をやっていたが、熱気がすごかった。結局、参政党は同年七月の参院選で、社民党を大きく上回る百七十六万八千票（比例代表）を集め、初めての議席を獲得した。

その熱気は参院選後も続いた。

令和四年八月二十一日。千葉県の幕張メッセに近いＪＲ海浜幕張駅の改札口は、ロックコンサート「SUMMER SONIC」に向かう若者や外国人たちと、彼らとは明らかに異質な老若男女の大群が入り交じり、異様な熱気に包まれた。

前年に国政政党の仲間入りをした参政党は、幕張メッセのイベントホールで「予祝パーティー」と銘打って、のべ六千五百人を動員した大規模集会を開いた。

形式も米共和党の集会スタイルをまね、和太鼓の演奏に始まり、武田邦彦ら講師が入れ代わり立ち代わり、歴史や経済問題を論じたが、一番人気は「反・新型コロナウイルスワクチン」の話題で、約七時間半に及ぶイベントだった。

国会議員がホテルで政治資金集めパーティーを開く際、定番のビールやワインと軽食が振舞われる「懇親会」は一切なかった。それどころか、水の一杯も出なかった。最初と終わりの余興以外は、すべて「お勉強」するだけ。

しかもこのパーティーに参加するためには、最高十万円、最低二万円のチケットを買わなければならなかった。関係者によると、チケット収入だけで約一億五千万円にのぼり、会場費や雑費などを差し引いても一日で一億一千万円以上稼いだ勘定になる。

参加者は子供連れも含めて二十~七十代位まで幅広く、女性は四割程度。何人かの参加者に聞いてみると、皆が「チケットは自分で買った」と答え、国会議員の開くパーティーでは定番の「会社（業界団体）の上司から行くように言われ、入場券をもらってやってきた」人はいなかった。支持者には、国際金融資本を中心とするグローバル勢力が世界を牛耳っているという「陰謀論」を信じている人々がかなりいたのも確かだ。

だが、皮肉にも成功した「予祝パーティー」前後から内紛が激しくなった。

参政党が、「投票したい政党がないから、自分たちでゼロからつくる」をキャッチフレーズに結党したのは令和二年四月。元吹田市会議員の神谷宗幣《そうへい》を中心にユーチューバーのKAZUYA、軍事評論家の篠原常一郎、政治アナリストの渡瀬裕哉、元国会議員の松田学が創設メンバーに名を連ねていたが、現在、党に残っているのは神谷と松田だけ。参院選を待たずにKAZUYAをはじめ創設メンバーは次々と去っていった。

参院選で党勢拡大の立役者となり、「ゴレンジャー」と呼ばれた五人のうち武田、赤尾由美、吉野敏明の三人も翌年末までに自発的に離党するか、党を追われた。

参政党事務局長から代表となった神谷は、係累に政治家は誰一人いない福井県生まれの非「世襲議員」。関西大学に進学し、政治に目覚めて平成十九（二〇〇七）年、吹田市議会選挙に出馬し、当選するもそれからが苦労の連続。自民党公認候補として衆院選に挑戦するも大敗。そこで学んだのが、「まともな主張をしても誰も聞いてくれない。いかに世間の耳目を引くかだ」（関係者）という教訓だった。

YouTubeやX（旧ツイッター）を駆使し、「反コロナワクチン」ブームにも乗って一時は、党員・サポーターは十万人に達したと喧伝された。だが、あまりに急ピッチな党員・サポーターの増加に組織作りがついていけず、内紛も手伝って離党者が相次いだ。

旧統一教会との関係も取りざたされたが、神谷本人は、自民党大阪第十三区支部長だった平成二十五（二〇一三）年、同僚議員の紹介で旧統一教会の会合に出席したと明らかにしつつ、「それ以上のつきあいは一切ない」としている。

結党一年で三議席獲得した日本保守党

党内に内紛の芽を抱えながらも臨んだ令和五年の統一地方選で、参政党は全国で二百三十人を擁立し、計百人の地方議員を誕生させた。地方議員数では、社民党やれいわ新選組を上回り、国民民主党と同規模になったのである。

そんな参政党がライバル視し、敵視もしているのが日本保守党だ。

日本保守党は、岸田政権がＬＧＢＴ法案成立に舵を切ったことに強く反発、自民党に見切りをつけた作家の百田尚樹とジャーナリストの有本香が、令和五年十月十七日に旗揚げした。

重点政策は、「日本の国体、伝統文化を守る」「憲法九条改正や移民政策の是正」などで、かなりの部分、参政党とかぶる。

結党直後の同年十月二十一日、同党が東京・秋葉原駅前広場で開いた街頭集会には黒山の人だかりができた。安倍晋三亡きあとの自民党の現状に不満を持つ人々が支持者の大半を占めるとみられ、結党宣言の翌月には党員数が五万人に達したと発表した。

国政選挙への初挑戦は、翌年四月に実施された衆院東京十五区補欠選挙で、イスラム思想研究家の飯山陽を擁立、九人の候補者中、四位の約二万三千票を獲得した。

第三者的には「大健闘した」結果だったが、勝利を信じていた当事者的には満足いかなかったようで、初陣は、不協和音を党内に醸し出すことになった。

本格的な国政選挙への挑戦は、それから約半年後の令和六年十月にやってきた。名古屋の地域政党「減税日本」率いる河村たかしを日本保守党の共同代表に迎えたことが功を奏し、河村が選挙区で当選したほか、比例代表の東海、近畿ブロックで各一議席を獲得し、政党交付金を受領できる政党要件を満たす全国の比例得票二％を獲得した。

議席獲得の原動力は、総再生回数が一億回を超えたYouTube番組「ニュースあさ8時」やフォロワーが六十六万人を超すX（旧ツイッター）を通じた百田の発信力もさることながら、名古屋市長を長年務め、盤石の選挙地盤を築いてきた河村の力も大きい。

一方、議席獲得を見込んでいた比例代表の東京や南関東ブロックで敗退した。これは、大票田である首都圏で爆発的な人気を得られなかったことを意味し、課題を残した。

真価問われる二〇二五年参院選

アメリカでトランプ政権がスタートを切る二〇二五年は、「反グローバリズム」「ナショナリズム」色の濃い参政、日本保守両党にとって追い風になるのは間違いない。七月に予想される参院選は、比例代表のウエイトが大きく、小政党には党勢拡大の大きなチャンスとなる。

衆院選の投票動向から予測すると、参政、日本保守両党とも比例代表での議席獲得は、確実な情勢だ。

特に参政党は、今夏の参院選で議席を確保すれば、衆院の三議席とあわせて五人以上の国会議員を擁することになり、日本記者クラブが国政選挙の直前に開いている党首討論会に大手を振って参加できるようになる（同クラブは、国会議員五人以上で直近の国政選挙で二パーセント以上の得票を獲得した政党を討論会に招請している）。

つまり、参院選後はメディアも一人前の政党として扱わざるを得なくなる。日本保守党も二議席を獲得すれば、「国会議員五人」のハードルを越える。

だが、それ以上の飛躍的な党勢拡大は、両党とも現時点（令和七年一月）では望めない。というのも両党とも発足当初から小政党にありがちな「仲間割れ」が目立ち、潜在的な支持者を取り損ねているからだ。

既存の政党に飽き足らず、あるいは反発して「新党」をつくって政治を変革したい、という志を持つような人物は、並外れたエネルギーと強い個性を持つがゆえに往々にして協調性に欠けるところがある。

参政党は、今でこそ「神谷宗幣とその仲間たち」という権力集中型の政党になりつつあるが、党発足当初の神谷は事務局長に過ぎず、個性豊かな人々が集い、それが活力を生んでいた。

参政党は、「ゴレンジャー」が瓦解した後に態勢を立て直して臨んだ令和六年の衆院選で、計百八十七万票（比例代表）を獲得したが、二年前の参院選と比べ十万票しか増えていない。得票率も三・四％と参院選から〇・一ポイントしか底上げできなかった。地方議員が百人規模に増えた現状から見ると、物足りない。

令和五年に起きた内紛の後遺症から完全に脱していない。

発足間もない日本保守党も最初の国政選挙を戦った飯山が、党を離れたのみならず、百田らをYouTubeなどで激しく攻撃し、百田も反論して泥沼の状態で衆院選を迎えた。

当事者にとっては、重大事なのだろうが第三者から見ればささいな事柄で反目しているように見え、印象もよくない。

事実、飯山が補欠選挙に出馬した衆院東京十五区で、日本保守党は候補者を擁立できず、比例代表でも飯山が獲得した二万三千票の半分にも達しない九千八百五十五票しか得られなかった。東京ブロック（比例代表）で議席を獲得できなかった原因の一つに「飯山問題」があったのは間違いない。

さきの衆院選では、参政党と日本保守党とあわせて三百万票以上を獲得した。これは八議席を得た日本共産党の得票数に匹敵するし、ポピュリズム政党が隆盛を極めている欧州の現状をみれば、まだまだ伸長する余地がある。

だが今後、両党が自民党に代わる真の保守勢力として飛躍し、国政に影響力を行使するためには、幅広い保守勢力を糾合することが必要だ。そのためには小異を捨てて大同につく戦略がどうしても必要になるのだが、犬猿の仲だった薩摩と長州を結び付けた坂本龍馬は今のところ見当たらない。その観点からも二〇二五年の参院選は両党の真価が問われる選挙になろう。

第五章

「台湾有事」は起きるのか

本書は、二〇二五年における日本政治の行方を大胆に占うことを主な目的にしているが、国内政治と国際情勢が不即不離の関係にあるのは言うまでもない。四つのシナリオをお示しする前にまずは、国際情勢の予測をしておかねばならない。国際情勢が激変すれば、日本政治も連動して激変するからだ。

年々増大する中国リスク

アメリカ・トランプ政権と石破政権との関係については既に論じたが、二〇二五年の日本にとって国際情勢で死活的に重要な懸念材料は、ウクライナ戦争や中東紛争の動向ではなく、中国リスクである。

もちろん、ウクライナ戦争や中東紛争は、物価高やエネルギー供給問題などで、日本の日常生活にも大きな影響を与えてはいる。

とはいえ、ウクライナ戦争では、トランプ政権の発足とともに、停戦をめぐってロシアとウクライナ、それにアメリカも絡んで複雑な駆け引きが展開されているが、日本には有力なプレーヤーになる実力も影響力も残念ながらない。中東での紛争も同じ。

だが、中国国内で動乱が起きたり、台湾有事が勃発したりすれば、日本への影響はそれらの比ではないばかりか、好むと好まざるとにかかわらず、主要プレーヤーにならざるを得ない。

ことに台湾有事が起きれば、日本が受けるダメージは、計り知れない。

昭和二十（一九四五）年の敗戦以来、日本は自国の軍隊（自衛隊）が本格的に出動した有事は皆無だった。

日本の隣国で起きた朝鮮戦争（一九五〇〜一九五三）にしてもアメリカを主体とした国連軍が、沖縄だけでなく日本各地に存在した米軍基地を後方基地として出撃していったものの、ＧＨＱ（連合国軍総司令部）占領下に押し付けられた憲法で陸海軍を解体された日本は、軍隊の派遣を要請されなくて済んだ（掃海艇派遣などの例外はあるが）。

一方で、共産勢力の後方かく乱を恐れたＧＨＱ総司令官、マッカーサーが日本側に自衛隊の前身である警察予備隊創設を要請、実現したのは怪我の功名だった。

経済的には、国連軍への補給物資の供給で日本経済は急速に回復し、「朝鮮特需」といわれた。

同じくベトナム戦争でも日本は、米軍の補給基地の機能を果たしたが、実戦に自衛隊が参戦することはなかった。

平成時代に入って自衛隊は、ＰＫＯ（国連平和維持活動）に参加できるようになり、何度も海外に派遣されたが、戦闘による死傷者は一人も出していない。

だが、近い将来「台湾有事」が起きれば、好むと好まざるとにかかわらず、日本はかつてない大きな試練にさらされる。

では、「台湾有事」が起こる可能性はどの程度あるのか。果たして二〇二五年に起きるのだろうか。

習近平の消えぬ野望

安全保障論のイロハのイであり、読者の皆さんにとっては先刻御承知の事柄ではあるが、安全保障上の「脅威」は、次の方程式で表現されている。

脅威＝意思×能力

まず、中国は、本当に軍事力を行使しても台湾を併呑しようとする「意思」があるかないかを検証したい。

中国国家主席である習近平の「台湾併合」へ向けた意欲は、並々ならぬものがある。

二〇一二年十一月に開かれた中国共産党第十八回全国代表大会で胡錦濤体制は終焉を迎え、十一月十五日の第十八期一中全会で習近平が党総書記に選出されてから十二年以上が過ぎた。

習近平治世の十二年間で、香港から言論の自由が消え、中国本土化が進んだ。海空軍力を大増強し、南シナ海では着々と軍事基地を増強し、中国の「支配地域」を拡大している。

彼は二〇一三年に国家主席に就任し、「中華民族の偉大なる復興という中国の夢を実現するため引き続き奮闘、努力しなければならない」と演説し、中国主体の国際秩序構築を目指すと宣言、一帯一路構想を打ち出した。

「中華民族の偉大なる復興」の一つの到達点が、「台湾統一」なのである。

だが、習近平が目指す「台湾統一」は、遅々として進んでいない。むしろ胡錦濤体制時代よりも後退している。

香港における強引な本土化が、台湾の人々に強い危機感をもたらし、大陸と融和的な国民党は、習近平時代に政権の座から転がり落ち、中国が忌み嫌う「台湾独立」派からも支持されている民進党が政権を維持している。

中国とて多大な犠牲者が出る事態に陥るのが避けられない軍事力行使は、極力避けたいのが本音だが、国民党など「親中勢力」を介しての「平和的統一」の可能性が遠のいた以上、軍事オプションの行使が現実味を帯びてきた。

ことに習近平が、党規約まで変えて党総書記の任期を延長したのも「台湾併合」を実現させるため、という大義名分があったからだ。

三期目の習近平が任期を終えるのは、二〇二七年十一月。三期目は、新型コロナ禍の影響もあって中国経済は低迷期に入り、実績は皆無と言っていい。さらに任期をのばすためには「台湾統一」という実績がぜひとも必要なのだ。

しかも二〇二七年は中国人民解放軍創立百周年という節目の年でもある。

習近平は、中華人民共和国建国七十五周年を迎える前日の二〇二四年九月三十日、北京市内の人民大会堂でこう演説した。

「台湾は神聖な中国の領土だ。祖国の完全統一の実現は時代の流れであり、大義だ」と指摘したうえで、「前途は平たんではなく、必ず困難や障害がある。平時でも危機を意識し、あらゆる不確実で予測不能なリスクを断固として克服しなければならない」と強調した。

「神聖な領土」という表現をかつて皆さんは何度も聞いたことがあるだろう。

そう。ロシア大統領、プーチンがウクライナに侵攻したときも、イスラエルが「約束の地」を占領したときも。

「神聖な領土」とは、おびただしい血が流れても獲得せねばならない土地なのである。

つまり、習近平は、武力を行使してでも台湾を併呑したいという強い「意思」を持っている。「意思」においては、百点満点中百点だ。

着々と「能力」も向上

では、「能力」のほうはどうか。

中国人民解放軍はもともと、ゲリラ戦に徹した陸軍主体で海軍や海兵隊は長く添え物状態だった。

台湾は四方を海で囲まれている上に、中国大陸とを隔てている台湾海峡は波浪が高く、軍の近代化が遅れていた中国では、近代戦に対応できる上陸用舟艇はほとんどなく、本格的な着上陸作戦を実施するのは不可能とみられていた。二十一世紀初頭まで長らく「能力」に関しては、ほぼゼロだった。よって脅威もまた、一九九五年に中国軍が演習名目で台湾沖にミサイルを撃ちこんだものの、ほぼゼロと軍事関係者はみていた。

このため中国軍は、威嚇のため金門島に定期的に砲撃する以外、なす術がなかった。

だが、中国の驚異的な経済成長と共に海空軍力は、飛躍的に整備された。

米国防長官が米議会に提出した「中国を巡る軍事力と安全保障に関する年次報告書」(二〇二二年版)では次のように指摘している。

「台湾に対する軍事作戦は、航空・海上封鎖から本格的な水陸両用侵攻まで様々な選択肢があり、実現可能性やリスクはさまざまだが、台湾の沖合の島々の一部または台湾全部を奪取・占領することができる」

つまり、着上陸作戦を断行する能力が十分にあるというのだ。

二〇二一年以前は、中国の軍事力は核戦力を除いて陸戦重視で、台湾への着上陸作戦を実行できるだけの揚陸艦を保有しておらず、しかも大隊レベル以上の水陸両用演習をほとんど実施していなかったのだ。

二〇二二年を境に、揚陸艦が大幅に増強されただけでなく、水陸両用演習を頻繁に実施するようになった。

現時点で、中国陸軍は水陸両用の作戦可能な六旅団を東部戦区と南部戦区に配備している。

海軍は、空母を増備しているほか、新型の攻撃型潜水艦や対空能力を備えた新鋭の水上戦闘艦を急ピッチで整備している。

着上陸作戦に必要な艦艇は、民間から徴発する方針も決めているとされる。

空軍もステルス戦闘機を多数、台湾に近い空軍基地に配備している。

中国と台湾の戦力を比較すると、今や中国が質量ともに圧倒している（次ページ・図表5−1参照）。

中国軍は、二〇二二年以降、台湾沖で大規模な軍事演習を行っているが、二〇二四年十月十四日に行なわれた演習では、その規模をさらにエスカレートさせた。軍用機百五十三

図表5-1　中国と台湾の軍事力

		中国	台湾
総兵力		約204万人	約17万人
陸上戦力	陸上兵力	約97万人	約9万4000人
	戦車等	99/A型、96/A型、88A/B型など 約5,950両	M-60A3、CM-11など 約750両
海上戦力	艦艇	約690隻 約236万トン	約150隻 約21万トン
	空母・駆逐艦・フリゲート	約100隻	約30隻
	潜水艦	約70隻	4隻
	海兵隊	約4万人	約1万人
航空戦力	作戦機	約3,200機	約470機
	近代的戦闘機	J-10×588機 Su-27×327機 Su-30×97機 Su-35×24機 J-15×60機 J-16×292機 J-20×200機 （第4-5世代戦闘機 合計1,588機）	ミラージュ 2000×54機 F-16（改造V型）×140機 経国×127機 （第4世代戦闘機 合計321機）
備考	人口	約14億2,000万人	約2,360万人
	兵役	2年	1年

出所：『防衛白書』などによる

機が出動、過去最多の軍艦と海警局の船舶が台湾をぐるりと取り囲んだのだ（次ページ・図表5−2参照）。

このうち中国軍と海警局の艦艇二十五隻は台湾沖三十九キロの接続水域に接近した。ロイター通信によると、台湾高官は「中国は軍事演習を紛争に転換する能力構築を強化している」との見方を示した。

中国の「能力」は、現時点では百点満点ではなくても「ここ数年でかなり能力を向上させた」（自衛隊OB）のは確かだ。

つまり、意思×能力で示される「脅威」のレベルは、二〇二五年以降、習近平体制が続く限り、上がることはあっても下がることはない。

では、「台湾有事」に関して、具体的にどのようなシナリオが検討されているのだろうか。

図表5-2　2024年10月14日の中国軍演習

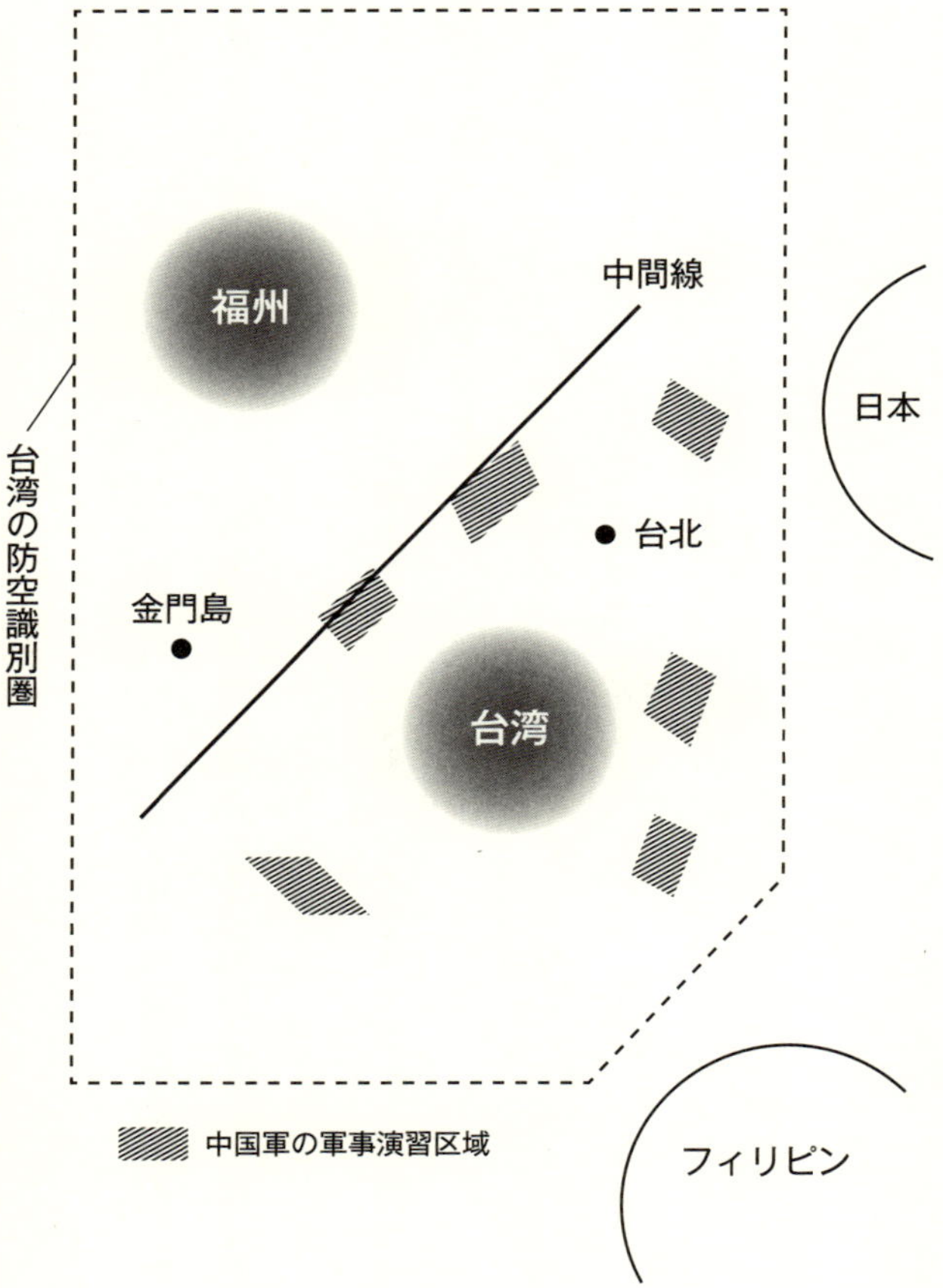

衝撃のCSISシナリオ

アメリカのシンクタンクCSIS（戦略国際問題研究所）が、二〇二三年に発表した中国の台湾侵攻に関する二十四のシナリオは、日本の政官財界に大きな衝撃を与えた。

CSISは、アメリカ政府の安全保障政策にも影響を与える権威ある研究機関で、シナリオ発表までに大型コンピューターを使って三千三百五十万回もの試行を重ねたという。

シナリオでは、二〇二六年に中国軍が台湾へ着上陸作戦を決行すると想定。

シナリオは、「基本」「楽観」「悲観」の三つに大別されており、「悲観」論では、日本が米軍など多国籍軍に自衛隊基地の使用を認めなかったり、米軍の実質的な参戦がなかったりすれば、台湾は中国軍に占領されてしまう、としている。

一方、①台湾が中国の上陸に抵抗、②米軍が介入、③日本が国内にある米軍の基地使用を認める—を条件とした場合、大半のシナリオは、中国は一時的に優勢になっても台湾占領に失敗する、と結論づけている。ただし、その場合は、台湾のみならず、アメリカや日本も甚大な被害を受ける。

具体的には米軍は、原子力空母二隻、ミサイル巡洋艦など七〜二十隻を撃沈され、航空機も百六十八〜四百八十四機を失い、死傷者は行方不明者もあわせ約一万人に達する。

自衛隊も中国から先制攻撃を受けた場合、参戦すると想定され、軍用機百十二〜百六十一機を失い、艦船二十六隻が撃沈される。

それればかりではない。中国軍が沖縄などに展開している在日米軍基地や自衛隊基地にミサイルやドローン攻撃を仕掛ければ、民間人を含めて膨大な死傷者が出るのは、ウクライナの例をみればよくわかる。

戦後八十年にわたって平和を謳歌してきた我々は、そんな痛みに耐えられるだろうか。

二〇二五年に起きるのか

さて、いよいよ本題である。

二〇二五年に、果たして「台湾有事」は起きるのだろうか。

結論から先に書けば、二〇二五年中に、「台湾有事」が起きる可能性はゼロに近い。

もちろん、政界同様、国際情勢も一寸先は闇なのだが、一月二十日発足の米トランプ政権が、公約通りに対中政策を実行に移すかどうかを、まず習近平は見極めるだろう。

関税の大幅引き上げなど、厳しい対中政策を打ち出して大統領選に勝利したトランプだが、一期目の彼は、安倍晋三を例外として、G７（主要先進七か国）の首脳とはソリが合わなかった。むしろ習近平やプーチン、金正恩ら独裁者との方が、ウマが合い「信頼関係」を結んでいた。

外交や貿易交渉でも迅速な取引を好むトランプにとっては、議会の承認などまどろっこしい民主的手続きを踏まねば、何事も進まず、しかも地球温暖化だ、ＳＤＧｓだ、なんだかんだと、理屈をこねる西側諸国の首脳よりもトップダウンで物事が決まる独裁国の首脳の方を好む傾向にある。

特に習近平は、最初のトランプ訪中で紫禁城を夫妻の為に一日借り切って「超国賓級」の接待をしてもてなし、トランプも懐柔されている。

第一次政権のときは、安倍晋三が習―トランプ関係が深まらないよう目配りしていたが、安倍なき今、習近平の方から再び接近を図る可能性が高い。

習近平にしてみれば、貿易問題で多少譲歩してもトランプが中国の台湾併合に軍事介入しないことを密約してくれれば、「超国賓級接待」や中国製品に対する関税の多少の引き上げなど安いものだ。

そのためには、まずトランプ就任後の三月か四月に訪米して首脳会談を行い、訪中を要請。二〇二五年内にトランプ訪中を実現させ、「新しい米中関係」を高らかに宣言しようという腹づもりだと、ある中国研究者は推測している。

トランプにとっても就任一年目は、彼の再登板の決め手となった不法移民対策に全力を挙げねばならず、中国対策は二の次にならざるを得ない。

「不法移民を強制送還する」とは言っても移民国家であるアメリカで、その線引きは容易でないばかりか、実行に移せば、大きな摩擦が生じるのは不可避だ。摩擦どころか、暴動が起きるリスクもあり、州兵ではない軍隊が出動する場面すら想定され、対中政策どころではなくなる。

習近平にとっては願ったりかなったりで、彼にとって二〇二五年は来るべき「台湾併合」へ向けた重要な準備期間となる可能性が強い。

粛清相次ぐ人民解放軍

もう一つ二〇二五年中に「台湾有事」が起きない根拠は、人民解放軍の宿痾《しゅくあ》ともいうべき汚職の蔓延と粛清の連続で、軍内部が大混乱に陥っていることだ。

二〇二三年暮れには、ロケット軍の最高幹部らが軒並み摘発されたが、最近も中央軍事委員会政治工作部長の苗華が、「重大な規律違反」のため停職中であることが、明らかになった（二〇二四年十一月二十八日）。

中央軍事委員会は、軍事に関する最高意思決定機関だ。通常七人で構成されてきたが、うち二人が欠員という異常事態となっている。

政治工作部長は、党中央と太いパイプで結ばれ、軍の人事、予算に強い権限を持つ重要ポストである。

しかも苗華は、習近平と同時代に福建省で勤務したときに知遇を得たとされる側近で、習近平を支えてきた「福建閥」の中心的人物だった。

そんな習近平の「股肱《ここう》の臣」が、なぜ失脚してしまったのか。

公式発表で停職の理由として挙げられた「重大な規律違反」は、通常は「汚職」として理解されているが、そんな理由を真に受ける中国人はいない。

中国ウォッチャーの見方も、①習近平主導説、②軍内部の「反習近平派」主導説―の二つに割れており、もちろん真相は現時点では分からない。

任期無限の三期目に入った習近平は、目の上のたん瘤的存在だった江沢民が死去し、一時はライバル的存在だった元首相の李克強も二〇二三年十月に急死、胡錦濤も表舞台から姿を消し、完全な独裁体制を築いた。

こうした状況下で、人民解放軍だけが、「習支配」のくびきから離れ、軍上層部が習近平に代わって治外法権的に権力を握っているとは考えにくい。

かつて毛沢東が、自らに忠誠を誓っていた林彪を謀反の心アリと疑い、身の危険を感じた林彪が脱出しようとして乗っていた飛行機が墜落、非業の死を遂げた故事を思い出す。

どちらの理由にせよ、人民解放軍内部で激しい権力闘争と粛清の嵐が吹き荒れているのは確かだ。軍上層部や司令官がころころ代わる不安定な状況下では、大規模な軍事作戦を敢行できないのは軍事の常識である。

一九四一年夏、ナチスドイツがソ連に侵攻した「バルバロッサ」作戦で、開戦当初、ソ連軍がなすすべもなく敗退し、膨大な死傷者と捕虜を出した背景には、スターリンが一九三六～一九三八年まで断行した赤軍大粛清によって、多くの優秀な将官が殺害された後遺症があったといわれている。

台湾や日本、アメリカは、習近平による中国軍の大規模な粛清によって「台湾有事」の執行猶予を与えられたといっても過言ではない。

見逃せない「内乱」の兆候

二〇二四年の暮れ、中国国内に複数のパイプを持つ日本有数の中国ウォッチャーから気になる情報を得た。

北京在住の政府系国際関係研究者が、「当面、そちらから連絡をとらないでほしい」と伝えてきたという。

現在、北京に駐在している新聞、テレビ、通信社の記者は、中国政府や共産党が主催する記者会見や大企業の記者発表会以外の取材が、事実上できない状況になりつつある。

胡錦濤時代も、記者に対する盗聴や尾行はあったものの、民間の知識人や元民主化運動家、共産党幹部や末端の役人など、多少の制約はあっても工夫をすれば、取材ができた。

ところが、習近平時代になると、報道統制が格段に厳しくなった。

決定的だったのは、二〇一四年、反スパイ法が施行されたことだ。つい最近も日本の外務省職員と意見交換しただけで、中国共産党系の「光明日報」で論説副主任を務めたジャーナリストがスパイ罪で起訴され、懲役七年を言い渡された。

これでは、よほどの人しか海外の記者に会ってくれない。特派員の電話が当局に盗聴されているのは常識なので、電話にも出てくれない。メールやSNSもしかり。

前出の研究者は、「来年、海外出張の予定があれば、年内に申請書を出せとのお達しが当局からあった。これはかつてなかったことだ」と話したという。

二〇二五年、習近平体制がさらなる統制強化に乗り出す予兆と言える。

きっかけは、二〇二四年九月に深圳で起きた、日本人児童殺人事件をきっかけとした無差別殺人事件の頻発である。十一月十一日には広東省で六十二歳の男が車を暴走させ、三十五人が死亡する大惨事となった。

事態を重く見た習近平は、事件の翌日に「各地方と関係部門は教訓をくみ取り、社会矛盾を解消し、過激な事件の発生を防ぎ、国民の生命・安全と社会の安定を全力で保障しなければならない」と異例の「重要指示」を出した。

だが、「重要指示」は社会矛盾の解消には向かわず、当局は統制強化へ一層舵を切ったようだ。

二期十年の任期を撤廃し、終わりの見えない習近平体制への不満がマグマのように中国社会に溜まっているのは確かだ。

中国の歴代王朝は、後漢時代の黄巾の乱、清時代の太平天国の乱など社会に不満を強く抱いた農民や庶民が中心となって決起し、叛乱を起こすと、王朝はほどなく倒れてきた。皮肉なことに中国共産党トップの習近平はいま、「中国の夢」から取り残された、何ら生産手段を持たない労働者による「プロレタリア革命」をもっとも恐れている。

七十五年以上続いてきた共産党王朝もついに終わりの日が近づいてきたのか。あるいは、その前に習近平が、自身の夢でもある「中国の夢」を実現させ、台湾を併合するのか。

中国の二〇二五年は、緊張感をはらんだ一年になる。

崩壊の危機をはらんだ異形の王朝と向き合うには、日本にも強力な政権が必要なのは論をまたない。

第六章

四つのシナリオ——二〇二五年に何が起きる？

長らくお待たせしました。

では、令和七（二〇二五）年の日本政治の動向を占ってみよう。

その前に、これから提示させていただく四つのシナリオの前提条件を明らかにしておきたい。

どんなシナリオも現実的かつ具体的な前提条件がなければ、ただの妄想に過ぎなくなる。

劇映画でもテレビドラマでも、退屈で面白くない作品は、たいていシナリオが駄目な場合が圧倒的に多い。駄目なシナリオの多くは、現実を投影していない。空想の世界に遊ぶファンタジーものでもＳＦものでも同じ。

ゴジラが終戦直後の銀座に現れ、大暴れするという大嘘（ゴジラ―１・０）も空襲によって焼け野原になった東京の状況と人々の心情をリアルに再現したからヒットしたのである。

図表6-1　2025年の予定

1月	17日	阪神・淡路大震災30年
	20日	トランプ米大統領就任式
	24日	通常国会召集
2月		
3月	10日	東京大空襲80年
	20日	地下鉄サリン事件30年
	22日	NHK放送100年
	―	2025年度予算成立？
4月	13日	大阪・関西万博開幕
5月		
6月	―	G7カナダサミット
	22日？	通常国会閉会
7月	20日？	参議院選挙
8月	6、9日	広島・長崎が被爆80年
	15日	戦後80年
9月		
10月	24日	国連創設80年
11月	―	韓国でAPEC首脳会議
12月	―	南アフリカでG20首脳会議

前提条件① 三月までは石破政権

話が横道にそれかけた。

前提条件の第一は、石破茂が二〇二五年三月までは政権を維持する、ということだ。与党が過半数を割っている状態の少数与党政権は、羽田孜政権など極めて短命に終わるというのが定説だが、例外もある。

平成八（一九九六）年の総選挙で、議席を増やしたものの単独過半数に達しなかった橋本龍太郎政権は、少数与党で出発した。

このときは、幹事長代理（後に小渕恵三内閣の官房長官）だった野中広務らが「釣り堀のオヤジ」と称して、当時最大野党だった新進党や無所属議員らを一人ずつ自民党に引き抜いていき、翌年、自民党は宮沢政権以来の単独過半数を回復するに至った。

そののちに、小沢一郎率いる自由党と連立を組み、「自自連立」政権が成立。続いて公明党をも連立政権のパートナーとして取り込んで「自自公」連立体制が発足し、後に自由党が分裂するなどして現在に続く自公連立体制が確立した。

だが、今の石破政権に、野中のような硬軟取り混ぜたあらゆる手練手管を駆使して、政権を全身全霊で支える「釣り堀のオヤジ」はいない。

かつての石破派で忠誠を誓い続けているのは経済再生担当相・赤澤亮正《りょうせい》らごく少数で、心の友である外相の岩屋毅も総務相の村上誠一郎も政局にはとんと疎い。

「百三万円の壁」打破を訴えて、前回衆院選で議席を四倍増させた玉木雄一郎率いる国民民主党が、立憲民主党中心の野党連立政権より、自民、公明両党との連携の道を選んだことで命拾いしただけだ。

予算案審議をつかさどる衆院予算委員長を立憲民主党に明け渡したが、委員長の安住淳は国会対策畑を歩んでおり、自民党幹事長の森山裕とは昵懇の仲なのも石破にとっては幸運だ。予算案審議の過程で、野党の要求をかなりの部分呑めば、二月末か三月第一週に予算案は衆院を通過し、令和七年度予算案が、年度末に成立するのは確実だ。

ここで、「イヤイヤ、それは甘い見方では」というツッコミが入りそうだ。

確かに、いささかもふたさかも心もとない。

国民民主党が、予算案を吟味して「これでは百三万円の壁を破ったことにはならない」と反旗を翻せば、たちまち審議は立ち往生してしまう。

もう一つは、石破の健康問題だ。

昨年十一月、石破はAPEC（アジア太平洋経済協力会議）首脳会議とG20（主要二十カ国）首脳会議に出席するため、南米のペルーとブラジルを相次いで訪問したが、いずれも精彩を欠いていた。

特にAPEC首脳会議では、各国の首脳が石破の席に挨拶の為に近づいてきても座って握手しただけで、大儀そうだった。

月刊誌『選択』（二〇二四年十二月号）は、「石破の『健康問題』に募る不安」と題して首相の体調不良による退陣の可能性を指摘した。

石破が敬愛し、さきの臨時国会の所信表明演説でも文章を引用した石橋湛山は、首相就任後の全国遊説がたたって体調を崩し、医師から二か月の絶対安静が必要との診断を受けた。ちょうど国会では予算案が審議中で、政治空白を避けるため辞任を決断、石橋内閣は六十五日で幕を閉じた。

自ら望んでなったとはいえ、日々の業務のほかに国会答弁、外交、それに選挙と首相の激務を遂行するのは大きなストレスを伴う。

最長の首相在任記録を持つ安倍晋三でさえ、二度の辞任はともに体調不良が理由だった。大平正芳、小渕恵三は、在任中に病魔が襲い生涯を終えた。

石破の体調不良は、自民党総裁選から衆院選と休む間もなく全国遊説が続いた肉体的疲労と衆院選大敗の精神的ダメージが重なったのが主な要因とみられる。

慣れぬ外遊もストレスを倍加させたのは否めない。

確かに昨年師走に開かれた臨時国会では、調子を取り戻したようで「外遊から帰国後、徐々に体調を回復した」（周辺）とされる。

体調面から見れば、二〇二五年三月までは政権を維持できる、と私は判断している。

前提条件②　北朝鮮は南進しない。ただし二〇二五年は

中国リスクが日本政治に大きな影響を与えることは、自明の理であり、前章で「台湾有事」に関して詳しく論じた。

結論としては、台湾有事が近い将来起きる可能性は、二〇二七年をピークにかなり高いものの、二〇二五年内は避けられるとみた。

もうひとつ日本の安全保障にとって昔も今も最重要事項なのが、朝鮮半島情勢だ。

二〇二四年十二月三日深夜、韓国大統領・尹錫悦は突如として四十四年ぶりに非常戒厳令を発令、国会に軍の特殊部隊を突入させ、世界を驚かした。支持率の極端な低下と野党の攻勢に焦燥感を募らせた大統領が「最後の切り札」を切った形だが、わずか六時間で撤回に追い込まれた。

野党は勢いづき、弾劾決議案も国会で可決され、大統領は任期途中で退陣を余儀なくさ

れる情勢となった。

そうなれば、二〇二五年中に大統領選が実施され、最大野党「共に民主党」代表・李在明が選出される可能性は大きい。

李は対日強硬派で知られ、尹政権が修復した安全保障面における日米韓の緊密な連携関係が、崩れる可能性は極めて高い。

しかもトランプは、在韓米軍を全面撤退させる持論を捨てていない。

日米韓の緊密な連携が崩れるのを、欣喜雀躍《きんきじゃくやく》して眺めているのは北朝鮮の金正恩だ。

北朝鮮の挑発的な動きは、二〇二五年もとどまるところを知らないだろう。

二〇二四年、北朝鮮はロシアの要請に応じ、ウクライナ戦争に本格参戦した。

北朝鮮が海外に本格派兵するのは、建国以来初めてで、その意味は決して小さくない。

短期的には、ロシアは見返りとして同国産原油百万バレル以上を北朝鮮に供給しているほか、ICBM（大陸間弾道弾）や新型ミサイルの開発に技術協力するものとみられる。

北朝鮮は二〇二四年（一月から十一月まで）日本海へ向けて、少なくとも十二回弾道ミサイルを発射している。ロシアの技術協力が本格化すれば、弾道ミサイルのスピードや精度が上がって攻撃力が増し、対空ミサイルでの迎撃が困難になる可能性が強い。

それだけではない。北朝鮮軍がウクライナで苛烈な近代戦を経験し、多くの犠牲者を出したことからの戦訓をくみ取れば、ベトナム戦争以降、実質的な戦闘を経験していない韓国軍に対し大きなアドバンテージを得ることになる。

二〇二四年にロシアと北朝鮮が締結した「包括的戦略パートナーシップ条約」も大きな意味を持つ。

条約は二十三条からなり、第四条では、一方が武力侵攻を受けて戦争状態になった場合、「遅滞なく、保有するすべての手段で軍事的およびその他の援助を提供する」としている。

つまり、ロシアと北朝鮮は、まごうかたなき軍事同盟を結んだのであり、北朝鮮のウクライナ派兵も条約に基づいたものである。

仮に第二次朝鮮戦争が勃発すれば、ロシアは北朝鮮を自動的に軍事支援することを約束したのだ。

第四条は「武力侵攻を受けて」の前提付きだが、一九五〇年に勃発した朝鮮戦争で、北朝鮮は「先に韓国軍が攻めてきた」と主張。日本の進歩的文化人はその主張を鵜呑みにしたが、実際は北朝鮮軍の奇襲攻撃で戦争が始まった。

第二次朝鮮戦争が勃発すれば、北朝鮮の独裁者である朝鮮労働党総書記・金正恩が、「自衛戦争」の理屈を使うのは確実だ。

包括的戦略パートナーシップ条約は、第三次世界大戦を引き起こしかねない危険な条約だ。その戦略的重要性を金正恩は十分意識しており、だからこそ多数の北朝鮮将兵をロシア兵の「弾除け」として派遣したのである。

ただ、金正恩にとって誤算だったのは、韓国内政が彼の予想より早く混乱状態に陥ったことだ。ウクライナ戦争に多くの将兵と大量のミサイルをはじめとする武器弾薬を供給している中では、韓国に攻め入る余力はない。しかも条約で支援を約束したロシアもウクライナ戦争に手いっぱいで、現時点ではとても北朝鮮を支援できる状況にはない。

中東におけるロシアの橋頭保であるシリアで、反政府勢力がいとも簡単にアサド政権を崩壊させることができたのもロシアの軍事支援が行き届かなくなった証左でもある。

金正恩は当面の間、ＩＣＢＭの発射実験や核実験などの挑発を繰り返しながらも、過去に三度も会談したことのある次期アメリカ大統領・トランプの動向をじっくりと見極めるだろう。トランプサイドも二〇二五年内の米朝首脳会談を模索している、との報道もある。

焦点は、二〇二五年中に米朝首脳会談が実現し、緊張緩和が図られるかどうかだ。

二〇二五年は、とりあえず朝鮮半島情勢は波乱含みながらも現状維持で推移するだろう。しかし、米朝交渉が決裂し、ウクライナ戦争が停戦になった後にロシアが国力を回復したとき、朝鮮半島に再び戦雲が漂い始めるのは必至だ。

前提条件③　天変地異は起きない

天変地異ばかりは、人智の及ばぬ領域である。

令和六（二〇二四）年の元日に、能登半島を大地震が襲おうとは、誰が想像し得ただろうか。

想像できなかったから、石川県知事は正月をのんびり家族と東京で過ごしていた。

一報をテレビの速報で知った知事は、慌てて首相官邸に駆けつけたが、新幹線はストップしており、金沢市にある県庁にたどり着いたのは深夜になってからだった。

結果論ではなく、県全体の行政を司る知事は、正月であっても用務以外でみだりに県外に出るべきではない、と私は思う。

それこそ、県内でいつなんどき大地震をはじめとする天変地異が起こらないとも限らないからだ。

知事がいなくても副知事がいれば大丈夫、あるいはトップ不在でも次席がしっかり対応すればよい、という論議は政治や行政のイロハを知らない人がいう戯言である。

現に石川県は初動が遅れ、輪島市を襲った大火事を県庁職員は手をこまねいてテレビの映像を見守るしかなかった。

連合赤軍あさま山荘事件で、警察の指揮をとり、後に東京都知事、石原慎太郎の強力なブレーンとなった佐々淳行は生前、「政治家、なかんずく都道府県知事は、人々の生活と安全を護る『護民官』たるべし」と熱く説いていた。

有事においては、初動の素早さとともにトップの判断がいかに大切かは、阪神大震災や東日本大震災の例をみれば、一目瞭然だ。

もし大震災など天変地異が起きれば、政局の動きは、いったんストップする。

阪神大震災が起きた平成七（一九九五）年一月十七日は、自社さ政権に批判的だった社会党の山花貞夫らが、同党委員長で首相だった村山富市に反旗を翻そうとした日だったが、延期せざるを得なかった。

東日本大震災が発生した平成二十三（二〇一一）年三月十一日のちょうどそのとき、首相の菅直人は、国会で彼への外国人献金問題がとりあげられ、窮地に陥っていた。復興に与党も野党もない。自然と政治休戦となり、菅政権は延命した。

ことほど左様に、天変地異はときの政治情勢にも大きな影響を与えるが、いついかなるときに大地震が起きるかは、科学が発達したいまも不可知の領域である。

よって今回のシナリオでは、少なくとも二〇二五年前半には、天変地異が起きないことを前提とする。これは神様仏様にお願いするしかないが。

では、四つのシナリオを個別に検討していきたい。

帰ってくる「四人組」

前節で、令和七（二〇二五）年三月末までは、石破茂が政権をなんとか維持し、令和七年度予算案も年度内に成立するとの見通しを示したが、四月からは状況が一変する。

引き金となるのは、「四人組」の復帰と、あの法案だ。

いわゆる「派閥パーティー券裏金問題」で、昨年四月四日に処分された旧安倍派五人組のうち、さきの衆院選で落選した高木毅、離党勧告処分を受けた世耕弘成を除く、西村康稔（党員資格停止一年）、萩生田光一（党役職停止一年）、松野博一（同）の三人が、大手を振って自民党に帰ってくるのである。

五人組ならぬ「三人組」になったわけだが、衆院に転出した世耕も古巣の参院自民党に隠然たる影響力を保持しており、実質的には「四人組」といえよう。

もともと「五人組」は、一致結束していたわけではない。清和会（旧安倍派）全盛時代、「ポスト安倍」が話題になっていたころ、その候補者として五人を元首相・森喜朗が挙げて「五人組」と名付けたといわれ、それぞれがライバル関係にあった。

だが、昨年九月、自民党総裁の座に就いた石破茂は、さきの衆院選対策として、「裏金議員」と呼ばれた現職議員のうち四十六人を自民党公認からはずすか、比例代表との重複を認めず、うち約六割にあたる二十八人が落選した。

特に旧安倍派は、「五人組」の高木のほか、元文部科学大臣の下村博文（東京十一区）、元東京五輪・パラリンピック担当大臣の丸川珠代（東京七区）らが相次いで落選、大打撃を受けた。

そんな中、衆院選をしぶとく生き残った「四人組」は、それぞれ思惑の違いはあるものの、「石破政権打倒」の一点で共通している。

もう一つは、清和会の再興である。

前首相の岸田文雄は、政治改革の一環として派閥解消に取り組んだが、麻生派は存続し、解体されたのは清和会と、会長だった二階俊博が引退した二階派だけ。宏池会（旧岸田派）は、形式的にはなくなったが、「ポスト石破」をうかがう官房長官、林芳正は、宏池会メンバーを中心とした会合を不定期に開いており、「宏池会は実質的に継続している」（旧安倍派議員）とみられている。

前自民党幹事長の茂木敏充に至っては、前回総裁選の推薦人二十人のほとんどを旧茂木派で固め、しかも大半が厳しかった衆院戦を勝ち抜いており（図表6-2）、加藤勝信や小

図表6-2　茂木敏充推薦人の衆院選当落

12勝１敗

当落	議員名	派閥	選挙区
○	新藤義孝	茂木派	埼玉２
○	東　国幹	茂木派	北海道６
○	上田英俊	茂木派	富山２
△	大西英男	安倍派	東京16
○	梶山弘志	無派閥	茨城４
○	笹川博義	茂木派	群馬３
○	新谷正義	茂木派	広島４
○	鈴木憲和	茂木派	山形２
○	鈴木隼人	茂木派	東京10
○	高見康裕	茂木派	島根２
○	古川　康	茂木派	比例九州
○	宮崎政久	茂木派	比例九州
○	簗　和生	安倍派	栃木３
×	山本左近	麻生派	比例東海

○＝当選　×＝落選　△＝不出馬

渕優子ら「反茂木」の大物議員らは離脱したものの、「結束はかえって強まっている」（旧茂木派議員）という。

派閥（平成研究会）のホームページも「メンテナンス中」として現時点（令和六年十二月）では閲覧できないが、閉鎖はしていない。

田中派以来の伝統ある「平成研究会」復活を視野に入れているのは明らかだ。さきの衆院選で大きく議席を減らした自民党だが、それでも三百人以上の議員が在籍している。

しかも総裁選出馬には、国会議員二十人の推薦が必要とあれば、グループ（派閥）が再び形成されるのは、自然な流れだ。「四人組」のうち三人が四月に自民党に戻ってくれれば、清和会復活へ向けた動きは、一段と加速しよう。

「安倍の遺志」を大義名分に

離党勧告処分を受けている世耕を除く「三人組」復権の動きも顕在化している。

西村は、昨年十二月五日、自民党の直属組織ではないが、自民党議員でつくる自動車議員連盟の会長代理に就任した。

同議員連盟は、党内最大級の議員連盟で、歴代会長の椅子には、小渕恵三、森喜朗、青木幹雄ら大物議員が座っていた。同日開かれた総会で、会長に選出された森英介は、自動車業界に精通しているとはいい難く、西村と前会長の甘利明が議員連盟を実質的に仕切るとみられ、一足早く「復権」した格好だ。

「裏金問題」が燃え盛る中、表だった活動を控えていた松野博一も昨年十二月、自らが会長を務める「大学病院を支援する議員連盟」を再始動させ、ライフワークである教育分野での活動を再開した。

安倍晋三存命中は、「五人組」の筆頭格として政治力を誇示していた萩生田光一だったが、先の衆院選では無所属で戦わざるを得なくなり、一転して落選の危機に追いこまれた。

この危機をなんとか乗り越え、当選した萩生田は、昨年十一月五日に元経済安全保障担当大臣、高市早苗が自民党総裁選を戦った同志を招いて開いた食事会に顔をみせた。

衆院選で自民党が大敗し、少数与党に転落した石破政権が行き詰まった場合、「高市政権」樹立へ向けてのキーマンになるのが萩生田だ。

高市のために推薦人となって総裁選を戦った側近議員の多くが、先の衆院選で敗れてしまい（図表6−3）、大幅な戦力ダウンとなった高市陣営にとって頼みの綱は旧安倍派、特に力のある「四人組」だ。

高市が自民党総裁選に初挑戦できたのは、安倍の強い後押しがあったからで、安倍没後の前回総裁選では、当初二十人の推薦人確保さえ苦労した。

彼らの助力なくしては、三回目は戦えない。

図表6-3　高市早苗推薦人の衆院選当落

4勝6敗

当落	議員名	派閥	選挙区
○	小林茂樹	二階派	比例近畿
△	杉田水脈	安倍派	比例中国
×	鈴木淳司	安倍派	愛知7
○	関芳弘	安倍派	兵庫3
×	高鳥修一	安倍派	新潟5
×	谷川とむ	安倍派	大阪19
×	土井亨	無派閥	宮城1
○	中村裕之	麻生派	北海道4
○	古屋圭司	無派閥	岐阜5
×	三ツ林裕巳	安倍派	埼玉13
×	若林健太	安倍派	長野1

○=当選　×=落選　△=不出馬

一方、「四人組」の方も「安倍晋三の遺志を継ぐ」ことを大義名分に、高市を次回の総裁選で担ぐ以外、活路を見いだせない。

石破が彼ら「四人組」を党の重要な役職や大臣に起用する可能性は、ほとんどないからだ。

石破は清濁併せ呑んで、「敵」までも我が懐に抱え込むタイプの政治家ではない。石破政権では、党内融和が絶望的な以上、旧安倍派議員の大半は、できるだけ早く石破を降ろして主流派に返り咲くしかないと考え、行動するだろう。

発火点は選択的夫婦別姓法案

令和六年度予算案が成立した後、政局の焦点、いや発火点となるのが、選択的夫婦別姓法案である。

現行の民法では、結婚に際して男性または女性のいずれかが、姓（氏）を変えねばならず、圧倒的多数の女性が男性の姓にしている。

女性の社会進出が進むに連れ、会社などで改姓による社会生活上の不都合が増え、アイデンティティの喪失を訴える女性も多くなった。

このため夫婦が望む場合は、結婚後も夫婦がそれぞれ結婚前の姓を認める選択的夫婦別姓制度の導入を求める人々も増加した。

法務省では、平成三（一九九一）年から法制審議会の民法部会で婚姻制度の見直しに関する審議を行い、同審議会は平成八（一九九六）年二月、「民法の一部改正に関する法律案要綱」を提出した。

要綱では、選択的夫婦別姓制度の導入が提言され、法務省は同年と平成二十二（二〇一〇）年に民法改正法案を準備したが、自民党や保守系団体などが強く反発し、国会に提出されなかった。

反対派は、「選択的」とはいえ、夫婦別姓制度が導入されると子どもたちの姓をめぐって夫婦間だけでなく、親族間の諍いが激増しかねず、家族の一体感も損なわれると主張してきた。

夫婦別姓制度について、世論も大きく割れている。政府が令和三（二〇二一）年に実施した「家族の法制に関する世論調査」によると、夫婦同姓制度維持派が二七％なのに対し別姓制度導入派が二八・九％と拮抗し、「夫婦同姓制度を維持した上で、旧姓の通称使用についての法制度を設けた方がよい」が四二・二％にのぼる。

選択的夫婦別姓制度導入は、イデオロギー対立を象徴し、「同性婚問題」と並んで国民を分断しかねない政治問題に発展したのである。

ジェンダー平等思想に共鳴する共産党や立憲民主党など左派が、「夫婦同姓制度は先進国では日本だけ。世界標準から大きく遅れている」と導入を強く主張する一方、高市早苗に代表される自民党保守系や参政党、日本保守党は「父母のどちらの姓にするのか、子どもたちを困らせてはいけない」などと強硬に反対している。

法務省が民法改正案の国会提出を断念してから十二年後の令和四（二〇二二）年、立憲民主党など野党は、選択的夫婦別姓制度導入を柱とした民法改正案を国会に提出したが、審議すらされなかった。

しかし、さきの衆院選で与党が大敗し、民法改正案を扱う衆院法務委員会の委員長ポストを立憲民主党がとり、状況は一変した。

予算案審議とは関係なく、通常国会中のいつでも法務委員会で議論が開始できるようになったのである。

同党代表の野田佳彦は、令和七年通常国会中に民法を改正し、選択的夫婦別姓制度導入を実現させる方針を示し、野党のみならず、与党の公明党にも協力を求めた。

公明党はかねてから、選択的夫婦別姓制度導入に前向きだったためだが、「狙いは与党分断にあるのは明らか」と某自民党幹部はみている。

自民党内も選択的夫婦別姓制度について一枚岩ではない。

ガチガチの導入論者である元郵政大臣・野田聖子をはじめ世耕弘成（離党中）らは、選択的夫婦別姓制度導入に前向きなのに対し、山田宏ら高市支持グループは絶対反対と真っ二つに割れている。

立憲民主党など野党には、夫婦別姓制導入の是非を国会で論議することで自民党内に混乱を引き起こしたい、との意図が透けてみえる。

この問題は完全に政争の具となったのである。

最初の主戦場は法務委員会

選択的夫婦別姓制度導入を盛り込んだ民法改正案を審議する最初の主戦場となるのが、衆院法務委員会である。

まずは、昨年十二月の臨時国会における衆院法務委員会の顔ぶれをご覧いただきたい（図表6－4）。

個性的な面々が揃い、ある意味、壮観ですらある。

選択的夫婦別姓制度導入の推進派である野党側は、委員長の西村智奈美をはじめ鎌田さゆり、米山隆一、有田芳生（いずれも立憲民主党）、円より子（国民民主党）らリベラル派

図表6-4　法務委員会 委員名簿

令和6年12月6日現在

役職	氏名	ふりがな	会派
委員長	西村　智奈美	にしむら　ちなみ	立憲
理事	小寺　裕雄	こてら　ひろお	自民
理事	津島　淳	つしま　じゅん	自民
理事	松本　剛明	まつもと　たけあき	自民
理事	鎌田　さゆり	かまた　さゆり	立憲
理事	黒岩　宇洋	くろいわ　たかひろ	立憲
理事	米山　隆一	よねやま　りゅういち	立憲
理事	円　より子	まどか　よりこ	国民
委員	井出　庸生	いで　ようせい	自民
委員	稲田　朋美	いなだ　ともみ	自民
委員	上田　英俊	うえだ　えいしゅん	自民
委員	上川　陽子	かみかわ　ようこ	自民
委員	神田　潤一	かんだ　じゅんいち	自民
委員	河野　太郎	こうの　たろう	自民
委員	棚橋　泰文	たなはし　やすふみ	自民
委員	寺田　稔	てらだ　みのる	自民
委員	平沢　勝栄	ひらさわ　かつえい	自民
委員	森　英介	もり　えいすけ	自民
委員	若山　慎司	わかやま　しんじ	自民
委員	有田　芳生	ありた　よしふ	立憲
委員	篠田　奈保子	しのだ　なおこ	立憲
委員	柴田　勝之	しばた　かつゆき	立憲
委員	寺田　学	てらた　まなぶ	立憲
委員	平岡　秀夫	ひらおか　ひでお	立憲
委員	藤原　規眞	ふじわら　のりまさ	立憲
委員	松下　玲子	まつした　れいこ	立憲
委員	金村　龍那	かねむら　りゅうな	維新
委員	萩原　佳	はぎはら　けい	維新
委員	藤田　文武	ふじた　ふみたけ	維新
委員	小竹　凱	おだけ　かい	国民
委員	大森　江里子	おおもり　えりこ	公明
委員	平林　晃	ひらばやし　あきら	公明
委員	本村　伸子	もとむら　のぶこ	共産
委員	吉川　里奈	よしかわ　りな	参政
委員	島田　洋一	しまだ　よういち	保守

出所:衆議院ホームページ

がずらりと顔を揃えた。

一方、自民党の法務委員会メンバーには賛成派が多い。

元デジタル担当大臣の河野太郎は、昨年九月の総裁選で「首相になれば、次期通常国会で選択的夫婦別姓法案を提出する」と明言したほどの導入派である。

森英介、平沢勝栄といったベテラン議員もさきの衆院選でＮＨＫが実施した候補者アンケートで、選択的夫婦別姓制度導入に賛成している。

稲田朋美は、旧姓を戸籍に付記し、「呼称」として使い続けることができる「婚前氏続称制度」なるものを提唱し、左右両方から叩かれており、最終的にどのような発言をするか注目される。

日本維新の会は、夫婦同姓制度を維持しつつ、旧姓使用にも一般的な法的効力を与える「維新版選択的夫婦別姓制度」の導入を主張し、他の野党と一線を画している。

これに対し「絶対反対派」の参政党と日本保守党も法務委員会に各一人委員を送りこんでいる。日本保守党は論客の島田洋一をメンバーに選んでおり、リベラル派と激論になりそうだ。

自民党内は真っ二つに

民法改正案が、衆院法務委員会で本格審議に入った場合、焦点となるのは、自民党が党議拘束を外すかどうかだ。

衆院法務委員会は委員長を立憲民主党の西村が務め、法案の取り扱いや審議日程を協議する理事七人の内訳は、立憲民主党三人、国民民主党一人、自民党三人で、野党が過半数を占め、野党が主導権を握っている。

委員会全体（三十五人）の構成は、自民十四、立憲民主十一（委員長含む）、日本維新の会三、国民民主、公明各二、共産、参政、日本保守各一で、自民が反対し、日本維新の会が賛成に回らなければ、たとえ公明が賛成しても委員会で否決される。

自民党が党議拘束を外した場合、法務委員会では、さきに紹介したように自民党委員の多くが選択的夫婦別姓制度導入に賛成ないし容認派なので、民法改正案は法務委員会を簡単に通過する。

続く衆院本会議でも可決される可能性が高い。

ＮＨＫがさきの衆院選投票日前に実施した候補者アンケートでは、三〇％が導入に賛成しており、反対派の二六％を上回っていた。賛成派が自らの意思で投票すれば、野党票とあわせ賛成票が過半数に達するのは確実だ。

だが、自民党がこの問題で党議拘束を外すのは容易ではない。拘束を外して民法改正案が衆院を通過し、参院で成立すれば、通常国会閉幕後に実施される参院選を控えた重要な時期に、日本会議や神道系団体など、自民党の有力な支持団体が離反するのは必至だからである。

党内論議も宮沢喜一政権での政治改革、小泉純一郎政権での郵政民営化に匹敵する党を二分する激しいものとなろう。

もともと賛成派である首相・石破は、昨年十二月五日の衆院予算委員会で「姓を変えなければならないことに、辛くて悲しい思いを持っておられる方々が大勢いることは決して忘れてはならない。通称が使えるようになっても、事実婚は続くのではないか」「いつまでも引きずっていい話だとは思っていない」などと述べ、法案の成立に理解をにじませた。

そんな石破でも党議拘束解除問題が、政局に直結するのはよくわかっている。だから首相に就任して以来、慎重な物言いに終始してきたが、衆院法務委員会での採決前に党総裁として決断を下さねばならない。

ここからシナリオは、四通りに分かれ、いよいよ政界は激動していく。

シナリオ①　高市早苗政権誕生

選択的夫婦別姓法案をめぐって自民党内が紛糾したとき、石破がどういう決断を下すかが、二〇二五年上半期における政局最大の焦点となる。

首相が党議拘束を外すとき

法案成立を図るため「党議拘束を外す」決定をすれば、「石破おろし」の流れは急加速する。

石破が「党議拘束を外す」可能性は十分にある。

彼がもともと選択的夫婦別姓法案成立に理解を示してきたのは、前節に書いた。

しかも石破は、内閣支持率と「テレビ世論」の動向に敏感だ。

新聞では、朝日、毎日、東京新聞は賛成、読売、産経新聞は慎重ないし反対論と、真っ二つに論調がわかれているのだが、テレビはそうではない。

同法案の論議が盛んになれば、テレビのワイドショーは、導入論者が「善」で、反対論者は時代遅れの「悪」という単純な二元論で伝えるだろう。女性のコメンテーター自体が、ほとんど夫婦別姓賛成論者で占められているからだ。

世論調査もこうした微妙な問題では、質問の仕方で回答が大きく変わるのが常で、報道機関によっては賛成の割合が激増しよう。

石破は「テレビ世論」に押される形で、先の衆院選前に「裏金議員」の自民党非公認に踏み切ったが、選挙結果がまったくの裏目に出たことは記憶に新しい。

だが、今回も同じ轍を踏むことになりそうだ。

有難迷惑なのは、今年七月に任期が切れる改選議員だ。選択的夫婦別姓制度が導入されてプラスになるのは立憲民主党など野党で、与党にはかえってマイナスだ。

ことに派閥パーティー券裏金問題のイメージが強い旧安倍派は、二十人もの改選議員を抱えており、参院選も苦戦を強いられるのは必至の情勢。そうした中で、石破が民法改正案成立へ向けて動き出せば、二十人の多くは「死刑宣告を受けたも同然」（旧安倍派参院議員）となる。

ならば、「四人組」が復活した旧安倍派の残党を中心に、窮鼠猫を噛むがごとく「石破おろし」に動くとみる。

脆弱すぎる石破の政権基盤

というのも石破政権の政権基盤は、自民党始まって以来といっても過言ではないほど脆弱なのだ。

石破派は、とっくの昔に解消しているうえに、さきの自民党総裁選で石破の推薦人に名を連ねた十六人の衆院議員中、三割以上が落選し、勝ち残ったのは十一人にとどまった（次ページ・図表6−5）。

しかも十一人中、岩屋毅を外相、村上誠一郎を総務相に抜擢するなど、過半数の六人を大臣か官房副長官に起用したため、自民党内で側近として石破を支えてくれる議員はほとんどいない。かつての石破派で活躍した元経産大臣・斎藤健や、元法務大臣・山下貴司らとの関係も修復されていない。

石破は、決選投票で旧宏池会会長の岸田文雄の支持を得て、からくも高市を逆転した経緯があるため、旧宏池会の林芳正を居抜きで官房長官に据え置いた。

その旧宏池会と、自民党幹事長に起用した森山裕が率いてきた旧森山派とが、「ゆるやかな主流派」（首相周辺）を形成しているが、三グループを足し合わせても六十人をわずかに上回る程度。

衆参合わせて三百人を超す自民党議員のうち「ゆるやかな主流派」は二〇%に過ぎず、さきの衆院選で大打撃を受けた旧安倍派（衆参五十九人）とほぼ変わらない（一六七ペー

図表6-5　石破茂推薦人の衆院選当落

11勝5敗

当落	議員名	派閥	選挙区
○	岩屋　毅	無派閥	大分3
○	赤澤亮正	無派閥	鳥取2
×	泉田裕彦	無派閥	新潟4
○	伊東良孝	二階派	比例北海道
×	小里泰弘	無派閥	比例九州
×	門山宏哲	無派閥	比例南関東
○	平　将明	無派閥	東京4
○	橘　慶一郎	無派閥	富山3
○	田所嘉徳	無派閥	比例北関東
○	谷　公一	二階派	兵庫5
○	冨樫博之	無派閥	秋田1
○	長島昭久	二階派	比例東京
○	細野豪志	二階派	静岡5
○	村上誠一郎	無派閥	比例四国
×	八木哲也	無派閥	愛知11
×	保岡宏武	無派閥	鹿児島2

○=当選　×=落選　△=不出馬

図表6-6　自民党派閥の勢力

（2025年1月1日現在）

	参院	衆参計
旧安倍派	37人	59人
麻生派	13人	45人
旧茂木派	17人	40人
旧岸田派	13人	39人
旧二階派	9人	31人
旧森山派	1人	8人

ジ・図表6－6）。

一方、旧安倍派とさきの自民党総裁選で最終的に高市を推した麻生派を加えると、百人を超える。自民党議員の三分の一は、両派で占めている計算になる。

実は自民党則第六条四項は、「総裁の任期満了前に、党所属の国会議員及び都道府県支部連合会代表一名の総数の過半数の要求があったときは、総裁が任期中に欠けた場合の総裁を公選する選挙の例により、総裁の選挙を行う」と規定している。

これまで一度も使われていない「伝家の宝刀」だが、議員と都道府県連の過半数が賛成すれば、総裁リコールが成立するのである。

旧安倍派と麻生派におよそ五十人（旧茂木派プラスアルファ）が加われば、議員数が減った自民党では、過半数に達してしまうのである。

しかも石破政権は、トランプから難題を吹っ掛けられるばかりではなく、不安定な朝鮮半島情勢に振り回されるのは必至だ。

内政では、国民民主党が主張する「百三万円の壁」突破という〝実績〟は、形だけつくるだろうが、実質的に増える手取り額はわずかなものになりそうで、頼みの内閣支持率が劇的に上昇する要素が見当たらない。

内憂外患に耐えられず、七月の参院選前に総辞職の道を選ぶ確率は六〇%とみた。石破が退陣を表明すれば、自民党は時を移さず、簡易版の総裁選を実施することになろう。

自民党の党則第六条二項と三項では、特に緊急を要するときは両院議員総会で後任を決めることができるとしている。六月下旬か七月には都議選も控えており、悠長に総裁選を戦う時間がないのである。このときの選挙人は、衆参両院の議員と都道府県連の代表各三人と規定されている。

もちろん、次回総裁選では、前回総裁選で惜敗した高市が有利なのは確か。日本初の女性首相誕生は指呼の間にある。

だが、このシナリオは、彼女がある人物の説得に成功した場合に現実化する。

石破が総辞職の道を選んでも、彼女がガラスの天井を破れるとは限らないのである。そのわけをシナリオ②で明かしたい。

シナリオ②　林芳正政権誕生

石破が参院選前に退陣し、自民党総裁選が行われた場合、有力候補となるのは高市と林芳正だ。林は前回四位にとどまったが、三位の小泉進次郎は、「しばらく修行する」と周辺に漏らしており、次回の総裁選出馬は見送る方針。六位以下の自民党前幹事長、茂木敏充らも次回への出馬には慎重な姿勢をみせているからだ。

キーマンは「コバホーク」

キーマンは、前回の自民党総裁選に初挑戦したコバホークこと元経済安全保障担当大臣の小林鷹之だ。

前回総裁選で小林は「脱派閥」を掲げて選挙戦を展開。中堅・若手を中心に支持を広げたが、他陣営からの激しい切り崩しにあい、候補者九人中五位の結果となった。

それでも次期総裁選には「挑戦する」と明言、「政策本位」で仲間づくりを続けている。昨年十一月二十八日には、総裁選で小林を支援した中堅・若手議員らが彼を囲んで国会内で会合を開いた。先の衆院選で落選した前衆院議員も出席して意見交換が行われ、政策などを議論する勉強会を立ち上げる方針を確認した。

会合にはオンライン参加も含め二十数人が出席した。ただ、率先して「石破おろし」に動いていると見られたくないのか、小林は会合で「政権を支えて行こう」と述べたという。

会合終了後の記者に対するオフレコのブリーフも、小林本人ではなく、「仲間」を代表して鈴木英敬が行った。小林事務所は、一部報道が事前に「勉強会立ち上げへ」と報じたことについてもかなり神経質になり、「単なる会合だ」と、勉強会の発足をなかなか認めなかった。

高市は自身と同じ保守的な政治信条を持つ小林を取り込みたい考えだが、現時点では説得に成功しているとは言い難い。高市は同月二十九日夜に配信されたインターネット番組『言論テレビ』でジャーナリストの櫻井よしこと対談し、次期総裁選をにらみ、党内の保守系議員団結に意欲を示した。

番組の中で、高市は小林と連携できなければ「(総裁選を) 勝てない」と指摘し、林を念頭に「保守系といわれるグループが割れると、今官邸におられる方を含め、そう (保守系) ではない方が勝つだろう」と、危機感を露わにした。

櫻井は番組で再三にわたり、高市は小林と連携するべきだとして「高市さんが真価を発揮して、あなたと共に保守の大同団結をして、日本国を世界のど真ん中で花開かせるんだと説得してほしい」と求めた。

高市は小林との協力を巡って「アポイントメントを取って伺ったが、なかなか部屋に入れていただけなかったりして、立ち話になってしまい、深い話はまだできていない」と説明。「(小林は) 次の総裁選に必ず出るとの思いを固めておられると聞いているので、そんな簡単な話でもない」と正直に語った。

高市と小林の連携はあるのか

小林が高市につれない態度を取るのは、「ポスト石破」を目指す意欲が人一倍強いのと、過去に二人の間で軋轢があったからだ。

彼は、岸田文雄、河野太郎、高市早苗、野田聖子の四人が立候補した令和三(二〇二一)年の総裁選で、二階派に所属しながら無派閥の高市を支援した。国家観や安全保障政策、憲法改正問題で共通項が多かったからだ。

このとき、二階派は支援する候補者を一本化できず、武田良太系は河野、会長の二階俊博と側近の林幹雄は野田、小林と山口壯の二人が高市支持と対応が割れた。

小林は二階を訪ね「今回は高市さんをやります」と仁義を切り、二階からも「思い切ってやってこい」と了解を得た。

安全保障政策など高市の政策に共感を抱き、支援を決断したものの、総裁選を通じて高市と近くで接するうち、期待が失望に変わったようだ。

小林は総裁選後、周囲に理由は詳しく語らなかったものの、「次は高市さんはやらない」と明言。今もその思いは変わっておらず、前回の総裁選について「当選四回の自分が総裁選に出るしかなかった」と振り返っている。

高市が岸田文雄内閣で小林の後任の経済安保担当大臣として入閣した際にも、将来の連携がうまくいかないことを暗示させるような行き違いがあった。経済安保担当大臣という「軽いポスト」での入閣に不満を持った高市は「つらい気持ち」などとSNS（交流サイト）に投稿し、小林との引継ぎ式も中止したのだ。

小林は「この前の総裁選の直後に次も出ると言った。だから、次も出る」と側近に決意を語ったといわれる。

彼の強みは、派閥横断的に集まった衆院議員の推薦人十八人中、十二人が当選を果たし、中堅・若手の精鋭が生き残っていることだ（次ページ・図表6－7）。高市とそのシンパが、「小林の壁」を乗り越え、説得することができるのか。できなければ、漁夫の利で林政権が誕生する可能性が強まってくる。

漁夫の利狙う林陣営

林の強みは、穏やかな人柄と政策的に経済重視と日米安保体制の維持を基調とした宏池会路線、言い換えればかつての「保守本流」路線を着実に歩んでいることだ。

石破政権の官房長官としても、石破とは過去に接点がほとんどなかったにもかかわらず、適当な距離感をとって堅実な仕事ぶりをみせている。

旧宏池会の会長だった岸田文雄とは、出身大学の違い（岸田は二浪して早稲田、林はストレートで東大）から微妙な関係だったが、旧宏池会出身の首相誕生は、いまやすっかりキ

図表6-7　小林鷹之推薦人の衆院選当落

12勝5敗

当落	議員名	派閥	選挙区
○	松本洋平	二階派	比例東京
×	石井　拓	安倍派	比例東海
○	岩田和親	岸田派	比例九州
△	江崎鉄磨	二階派	愛知10
○	大野敬太郎	無派閥	香川3
○	鬼木　誠	森山派	比例九州
○	勝目　康	無派閥	京都1
×	熊田裕通	無派閥	愛知1
○	斎藤洋明	麻生派	比例北陸信越
○	塩崎彰久	安倍派	愛媛1
×	高木宏寿	二階派	北海道3
○	武部　新	二階派	北海道12
○	田野瀬太道	森山派	奈良3
×	中川貴元	麻生派	比例東海
○	中曽根康隆	二階派	群馬1
○	本田太郎	無派閥	京都5
○	松本　尚	安倍派	千葉13
×	務台俊介	麻生派	比例北陸信越

○=当選　×=落選　△=不出馬

ングメーカーぶりが板についてきた岸田にとっても悪くない。

旧宏池会もさきの衆院選で立候補した三十五人中、九人が落選したが、当選者は二十六人を数え、踏みとどまった。

さきの総裁選で林の推薦人となった衆院議員十人のほとんどを旧宏池会出身者で占めたが、勝率八割にあたる八人が当選した（次ページ・図表6－8）。

さらなる追い風も吹いている。

保守派の小林が初志貫徹して自民党総裁選に再度、出馬すれば、いわゆる自民党「保守派」の票が割れて共倒れになり、当選がぐっと近づくからだ。

もうひとつの強みは、林が参院選前に首相に就任しても、衆参ダブル選挙に持ち込まない、というイメージが自民党内に広がっていることだ。

さきの衆院選で落選した議員の多くは、二〇二五年夏の衆参ダブル選挙を熱望しているが、当選した議員の多くは、厳しい選挙を勝ち抜いた直後とあって「毎年、選挙はしたくない」という思いが強い。

図表6-8　林芳正推薦人の衆院選当落

8勝2敗

当落	議員名	派閥	選挙区
○	田村憲久	岸田派	三重1
○	石橋林太郎	岸田派	比例中国
○	石原宏高	岸田派	東京3
○	江藤　拓	無派閥	宮崎2
×	金子俊平	岸田派	岐阜4
○	金子容三	岸田派	長崎4
○	古賀篤	岸田派	福岡3
○	後藤茂之	無派閥	長野4
○	西田昭二	岸田派	比例北陸信越
×	渡辺孝一	岸田派	比例北海道

○=当選　×=落選　△=不出馬

高市が総裁選を勝ち抜いて首相になった場合、林とは違って衆参ダブル選挙を断行しかねない、という恐れが選挙基盤の弱い若手に広がっており、こういった層の取り込みを林陣営は図っている。

林本人は明言を避けているが、高市陣営と一線を画して石破政権をできるだけ支え、いざとなったら間髪を容れず総裁選に名乗りを上げる。このような手はずを整えようとしているのは間違いない。

シナリオ③ 蜘蛛の糸の「石破続投」

選択的夫婦別姓法案をめぐって自民党内が紛糾したとき、石破が党議拘束を外さない選択（即ち、野党案に反対）をすれば、党内の「石破おろし」は、いったん収束に向かう。

小石河連合との決別

具体的には、野党案には反対しつつ、日本維新の会が提唱している夫婦同姓制度を維持しながら、希望者は結婚後も旧姓使用を法的に認める「維新版選択的夫婦別姓法案」に近いものを国会に提出することで、妥協を図ろうという選択だ。

もちろん、それは石破の本意ではないし、辻元清美ら夫婦別姓論者に言わせれば、まったく似て非なるもので賛成派の強い反発を招こう。

与党・公明党代表の斉藤鉄夫からも野党案に賛成するように説得されてきた。

かつて「小石河」連合と呼ばれ、自民党総裁選で共闘した河野太郎、小泉進次郎の二人は揃って選択的夫婦別姓制度の導入に積極的で、裏切り行為に等しく、事実上の決別宣言でもある。だが、彼らや野田聖子ら自民党内の賛成派は強く反発するだろうが、「石破おろし」や党分裂の騒動までは至らないだろう。

なぜなら「石破おろし」に加担すれば、彼ら彼女らが忌み嫌う高市政権の誕生に手を貸すことになりかねず、自民党を離党した場合の選挙の苦しさは、郵政民営化騒動で自民党を追い出された野田が骨身に染みているからだ。

彼ら彼女らの要求通りに党議拘束を取り払う決断をできるだけの政権基盤は、石破にはない。自民党始まって以来といっても過言ではない政権の脆弱さは、本人が一番よく知っている。

自民党幹事長に起用した森山裕も、積極的賛成派ではなく、党内の状況を模様眺めしている。

石破は衆院予算委員会で、野党から自民党総裁選の公約から後退していると追及されると、次のように答えている。

「(総裁選で)当選させてもらったが、そこにおいて掲げた政策が私は当選をしたのだから、この通りにやるということではない」「当選をしたら、自分が掲げたこと、すべてわが党は、これでやるというようなことを私どもの党はやったことがない」(令和六年十二月五日、立憲民主党・岡本章子の質問に答えて)。

「おいおい、それじゃあ、郵政民営化を公約に掲げて自民党総裁選を戦い、党内の反対を押し切って実現させた小泉純一郎は、自民党じゃあなかったのかい」とチャチャを入れたくなるが、これが石破茂という政治家のスタイルなのである。

持論である東アジア版NATOの創設構想を、自民党総裁に選ばれ、首相になった途端に封印したのがいい例で、公約の中で最も実現可能性のある防災庁の創設さえ、あまり強調しなくなっている。

彼は小泉のような「有言実行」のトップダウンかつ信念型リーダーではなく、竹下登のような根回しを準備周到にしてから行動を起こす調整型リーダーでもない。

よく言えば、「熟議」を大義名分とした状況対処型リーダー、悪くいえば風任せ型リーダーなのである。

だから「何が何でも選択的夫婦別姓制度を導入する」というわけでもなく、かといって積極的に廃案にもっていこうとしているわけではない。

その時々の政治状況、あるいは世論の動向に流されやすいのである。だから複数のシナリオが必要となってくる。

「廃案」が次なる波乱の種に

シナリオ③は、選択的夫婦別姓法案の処理について政局の安定を第一に判断した場合を起点としているが、この判断が次なる波乱の種をまくことになる。

衆院法務委員会は、さきに詳述したように、委員長のほか理事も野党が多数を占めているため、自民党や日本維新の会が「維新版・選択的夫婦別姓法案」を提出しても審議されない可能性がある。かつて野党側が幾度も選択的夫婦別姓法案を提出しても、自民党が理事の過半数を占めていたときにまったく審議されなかったのと同じである。

一方、野党側が提出する選択的夫婦別姓法案も、自民党と日本維新の会、それに参政党と日本保守党が反対すれば、否決されてしまう。

立憲民主党代表の野田佳彦自ら最重要法案と位置付けた法案が、事実上の「廃案」となれば、当然の如く六月下旬の通常国会会期末に、立憲民主党は内閣不信任案を提出するはずだ。

二〇二五年正月時点での衆院の勢力（図表6-9）の通り、野党が結束すれば、内閣不信任案は簡単に通ってしまう。

しかし、野党が一枚岩ではないのはご承知の通り。

特に日本維新の会は、党首が大阪府知事の吉村洋文に交代したばかりで、内閣不信任案が成立して衆院が解散され、石破が衆参ダブル選挙に持ち込むのを避けたいところ。

しかも地元・大阪では、「関西・大阪万国博覧会」がちょうど開催中で、国との連携が不可欠。政権に刃を向けるタイミングではない。

よってシナリオ③では、内閣不信任案は粛々と否決され、衆参ダブル選挙は行われず、参院選が単独で行われることにする。

図表6-9　衆議院勢力図（会派）

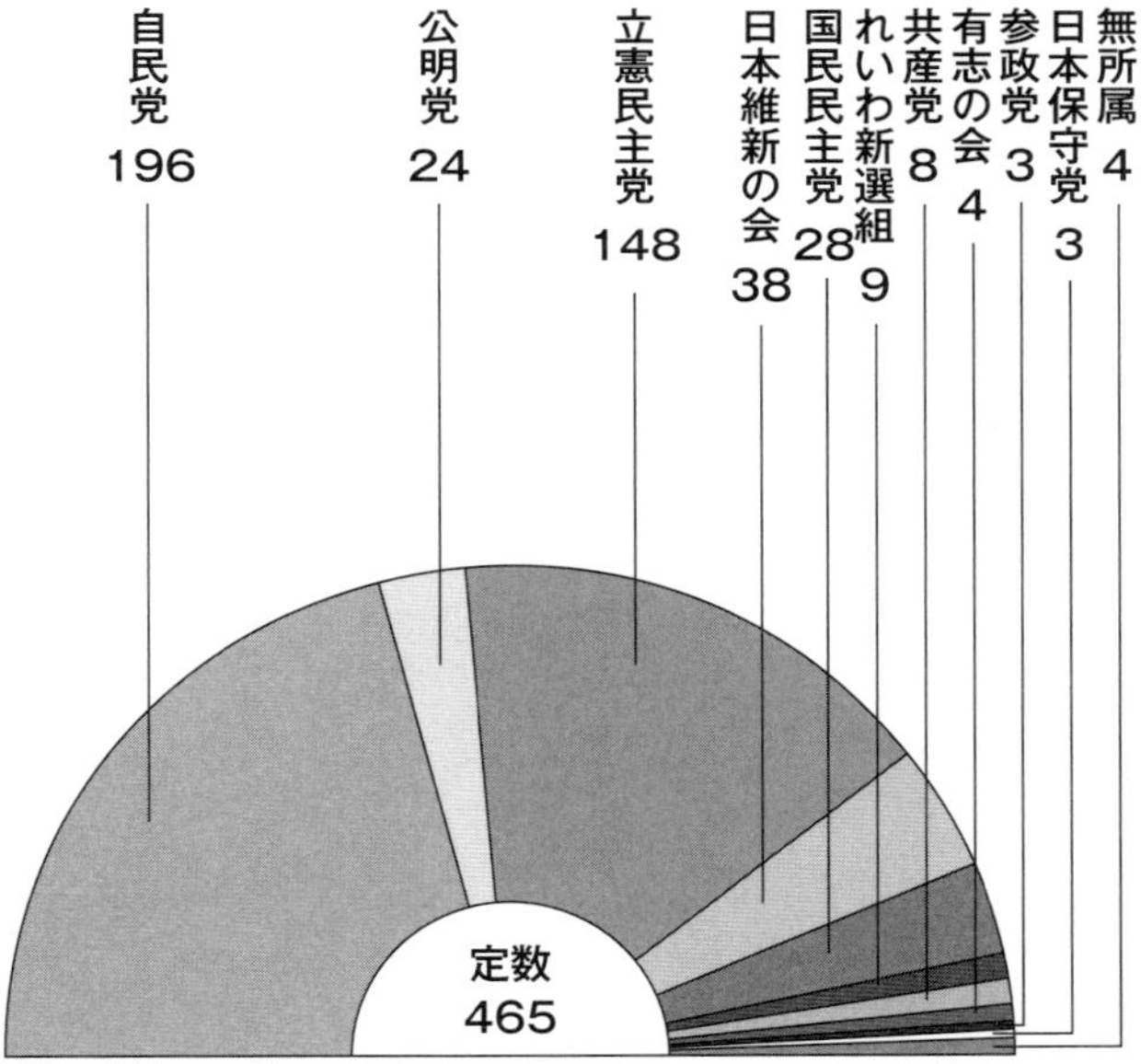

「石破自民」は参院選も敗北

二〇二五年七月以降に実施される参院選を自民党が、石破政権のままで臨むと前回の衆院選同様、大苦戦が予想される。

石破政権発足から約二か月後にNHKが実施した世論調査では、内閣支持率は大敗した衆院選直後よりさらに三ポイント低下した三八％にとどまり、自民党支持率も二八・七％と低下に歯止めがかからない。

二〇二五年の年が明けても、「石破人気」が劇的に上がる要素は、まったくと言っていいほど見当たらない。派閥パーティー券裏金問題に端を発した政治不信は、なお続いており、物価高が収まる気配もない。

石破にとって唯一の救いは、今回の改選議員が非改選議員より少なく（図表6-10）、自公あわせて五十一議席を獲得すれば、参院での過半数を確保できることだ。

図表6-10　参議院会派別所属議員数一覧

第216回国会(臨時会)(令和6年11月28日～)

		令和7年7月28日任期満了			令和10年7月25日任期満了		
会派名	議員数	比例	選挙区	合計	比例	選挙区	合計
自由民主党	113(22)	19(5)	33(5)	52(10)	18(5)	43(7)	61(12)
立憲民主・社民・無所属	42(19)	9(3)	15(7)	24(10)	8(5)	10(4)	18(9)
公明党	27(3)	7(0)	7(1)	14(1)	6(0)	7(2)	13(2)
日本維新の会	18(5)	4(0)	2(2)	6(2)	8(2)	4(1)	12(3)
国民民主党・新緑風会	12(4)	3(1)	2(0)	5(1)	3(0)	4(3)	7(3)
日本共産党	11(4)	4(1)	3(2)	7(3)	3(1)	1(0)	4(1)
れいわ新選組	5(1)	2(1)	0(0)	2(1)	2(0)	1(0)	3(0)
沖縄の風	2(0)	0(0)	1(0)	1(0)	0(0)	1(0)	1(0)
ＮＨＫから国民を守る党	2(0)	1(0)	0(0)	1(0)	1(0)	0(0)	1(0)
各派に属しない議員	8(3)	1(0)	4(2)	5(2)	1(0)	2(1)	3(1)
合　計	240(61)	50(11)	67(19)	117(30)	50(13)	73(18)	123(31)
欠　員	8	0	7	7	0	1	1
総定数	248	50	74	124	50	74	124

出所:参議院ホームページ

※(　)内は女性議員

改選議員は自民五十二、公明十四の計六十六人。あわせて十五議席減まで〝余裕〟がある。

公明は、さきの衆院選での比例代表票（全国計）が六百万票を割り込んでいることから若干の目減りは必至ながらも、選挙区と合わせて十二議席獲得は堅い。

となると自民党は三十九議席さえ獲得すればいいのだが、自民党は定数が今よりも多かった過去に三十六議席しかとれず、大惨敗を喫した過去がある。

それは宇野宗佑が自民党総裁だった平成元（一九八九）年七月二十三日に実施された参院選で、「リクルート事件・消費税創設・三本指（宇野の女性問題スキャンダル）」の三点セットが炸裂。土井たか子率いる社会党が大躍進し、土井は「山が動いた」との名言を遺した。

二〇二五年においては、石破政権を「平成元年級」の三点セットが襲う確率は低いが、このままではかなりの議席減は避けられない。

では、石破が参院選後も続投できる「勝敗ライン」は、何議席か。

実は六年前の参院選で自民党は五十七議席を獲得している。この六年未満で衆院転出などにより五議席減っており、基数は五十七とみるべきなのである。次回参院選では、基数からマイナス七議席の五十議席以上なら文句なく続投だろうが、その可能性はほとんどない。

さきの衆院選での自民党の比例代表総計の得票は、千四百五十八万票にとどまり、得票率は二六・七％に過ぎなかった。

しかも自民党の支持率は、昨年十月の衆院選以降、漸減傾向が続いている。仮に次回参院選で、前回衆院選並みに自民党が得票できたとしても比例代表では十三議席しか獲得できず、六議席も減らす計算になる。

選挙区も楽観できない。野党が一人区を中心に選挙協力を実施すれば、改選三十三議席のかなりの部分を失いかねないからだ。

自公あわせて過半数を割り込めば、衆参ともに過半数を割り込んで「即死」だが、以下の通りグレーゾーンもある。

自民獲得議席	50議席以上	石破続投
	48〜49議席	石破続投濃厚
	40〜47議席	石破退陣濃厚
	39議席以下	石破退陣

つまり、基数五十七議席から九議席減までが、自民党内で「石破おろし」が起きないぎりぎりの許容範囲であり、四十七議席以下になれば、石破退陣は濃厚となってくる。

自民が四十七議席しか獲得できなければ、公明と合わせても与党は六十議席程度しか獲得できず、改選過半数の六十三議席に届かず、政治責任を問われる水準だからだ。

過去には、平成十（一九九八）年の参院選で、自民党は四十七議席しか獲得できず、橋本龍太郎が退陣した故事もある。

「石破続投」は、芥川龍之介の「蜘蛛の糸」の如く細い糸なのである。

高市早苗か林芳正か

では、参院選で自民党が敗北し、責任を取って石破が退陣した場合の「ポスト石破」は誰になるのか。

これはシナリオ①と②の変形バージョンとなり、自民党総裁選はやはり高市早苗と林芳正の戦いとなろう。このときの自民党総裁選は、しばらく国政選挙はないため党員投票を含めたフルバージョンの総裁選になる可能性が高く、高市に有利だ。

だが、三十九議席以下の大惨敗となれば、国民民主党など野党との連携がさらに重要となり、保守強硬路線をとる高市より中道系の林に国会議員票が集まり、党員票での高市のリードを逆転する可能性も十分あり得る。

シナリオ④

野田佳彦か玉木雄一郎か

二〇二四年は「少数与党」の年

少数与党が不安定な政権運営を迫られるのは、洋の東西を問わない。二〇二四年は、「少数与党」の年となった。

フランスでは、国民議会選挙で与党が大敗、バルニエ内閣は二〇二五年の予算案をめぐって野党と対立、内閣不信任案に右翼と左翼が手を組んで賛成して可決され、わずか二か月半で内閣は総辞職に追い込まれた。

韓国では、二〇二四年四月の総選挙で、野党が地滑り的に圧勝し、政府提出の予算案が成立する見通しがまったく立たない中、大統領・尹錫悦は同年十二月、非常戒厳令を発令し、六時間後に撤回する異常事態に発展した。

ドイツも連立政権からＦＤＰ（自由民主党）が連立を離脱し、同年十一月にＳＰＤ（社会民主党）と緑の党の二党による少数与党に移行したが、不安定な政権運営が続き、二〇二五年初めに総選挙が実施される方向となった。

日本でも二〇二四年、少数与党内閣が久々に誕生した。他国と違って日本では、総選挙で躍進した国民民主党が、中間政党（与党でも野党でもない存在の政党）的立場で、同年暮れの臨時国会では政権与党に協力したため、政局は小康状態を保ったが、いつまでも「小春日和」が続くはずはない。

不安定な状態に置かれたモノが、安定を求めて激しく動くのは、政治も物理の法則も同じだからだ。

内閣不信任案が成立するとき

フランスでは、本来は水と油であるはずの右翼と左翼が手を組んで内閣不信任案を成立させたが、日本でも十分あり得る。立憲民主党と共産党はもちろん、昨年の衆院選で衆院に初めて議席を得た参政党と日本保守党も、石破政権に批判的だ。

内閣不信任案成立のカギを握るのが、国民民主党や日本維新の会だ。

シナリオ③では、政権に是々非々で臨んでいる日本維新の会が、内閣不信任案に賛成する可能性は薄いと指摘したが、国民民主党も「百三万円の壁」突破実現の法的確証が得られるまでは、石破に弓ひくとは考えにくい。

ならば、二〇二五年の通常国会で内閣不信任案が成立しないかと言えば、そうとも断定できない。

シナリオ①では、選択的夫婦別姓法案の取り扱いをめぐって、首相が党議拘束を外す決断をし、これに対して高市早苗を核とした保守系議員が決起し、石破を退陣に追い込むシナリオを提示したが、もちろん逆バージョンもあり得る。

河野太郎ら同法案賛成派が、党内のマジョリティを握り、保守系議員の決起が不発に終わるシナリオだ。

河野らが所属する衆院法務委員会での採決で、選択的夫婦別姓法案は賛成多数ですんなり通過し、衆院本会議でも可決される可能性が高い。

そうなると、焦点は参院本会議での「決戦」に移る。参院自民党には、山田宏や山谷えり子ら筋金入りの保守派が多く、日本維新の会が反対に回れば、否決される可能性が高い。二十年前、小泉純一郎肝いりの郵政民営化法案が衆院を通過したものの、参院で否決されたケースが想起される。

石破が、小泉のように参院での否決を受けて衆院を解散するわけはないが、法案の否決は、野党側が会期末に内閣不信任案を提出する大義名分の一つになり得る。

内閣不信任案が提出されれば、選択的夫婦別姓法案に強く反対する保守系議員が、議場から続々と退出する可能性が出てくる。

不信任案に賛成すれば、政治道義上、離党を覚悟せねばならないが、退出はまだしもハードルが低いからだが、状況によっては賛成票を投じる自民党議員も出よう。

平成五（一九九三）年六月十八日、衆院本会議で宮澤喜一内閣への不信任案は、与党・自民党議員だった小沢一郎、羽田孜らが賛成に回ったが、石破も白票（賛成票）を投じ、可決された。

石破自身が後に「これが可決されるとは到底思えなかった」と述懐しているように、まさに熱に浮かされたように瓢箪から駒で不信任案が可決され、総選挙で自民党は敗北。細川護熙を首班とする非自民連立政権が樹立されたのだ。

衆参ダブル選の結末は

内閣不信任案が可決されれば、首相は総辞職か衆院解散の二つに一つを選ばねばならない。負けても、負けても自民党総裁選に五度も挑戦し続けた石破の性格から判断すると、総辞職の選択肢はない。

衆院解散・総選挙に持ち込んだ場合、結果は火を見るより明らかだ。

内閣不信任案が可決されたのは、現行憲法下で過去四例あり、ときの首相が総辞職した例はない。

昭和二十三（一九四八）年の吉田茂の場合は、ＧＨＱ（連合国軍総司令部）がお膳立てして、内閣不信任案の可決は、総選挙を早期に実施するための方便として使われた。

同二十八（一九五三）年の場合は、吉田茂の「バカヤロー解散」と呼ばれ、与党は大幅に議席を減らした。

同五十五（一九八〇）年、自民党内の造反にあって内閣不信任案が可決された大平正芳は、戦後初となった衆参ダブル選挙初日に倒れ、一時回復するも急死。弔い選挙となって自民党が圧勝するという稀有な例となった。

平成五（一九九三）年は、先述したように自民党が敗北し、政権交代につながった。

ときの首相が野党に追い込まれて内閣不信任案を可決され、衆院解散・総選挙の対抗手段をとらざるを得なかった過去三例（昭和二十三年は除外）のうち、首相が急死した一例を除いて、与党が敗北している。

今年、内閣不信任案が可決されれば、総選挙で石破が勝利するシナリオを思い浮かべることができない。

自公両党の議席が、過半数を大きく割り込んだ時点で石破の退陣は必至だが、「負け方」も重要になってくる。自民党がきわどく第一党に残れば、「ポスト石破」も自民党が政権を維持できる可能性も出てくるが、立憲民主党が第一党になれば、「憲政の常道」として野田佳彦がカムバックを図るだろう。

さらに国民民主党が、昨年の衆院選の勢いを維持して五十議席以上獲得すれば、政局のキャスティングボートを完全に握ることになり、玉木雄一郎が宰相の椅子に座ることも夢ではない。

いずれにせよ、政界の一寸先は闇であり、二〇二五年の政局は、春を過ぎてから思いがけない展開が待ち受けていそうだ。

政界再編の引き金となる可能性も

二〇二五年の政局を四つのシナリオに分けて予測してきたが、結論としては石破政権が、夏の参院選をしのいで継続することはかなり難しい（次ページ・図表6－11）。

昨年の衆院選大敗に伴う少数与党による国会運営を「熟議」というキーワードを掲げて、昨年暮れの臨時国会をなんとか乗り切った石破だが、イデオロギーが密接にからむ政治問題になってしまった「選択的夫婦別姓」で躓くのは必至の情勢だからだ。

「百三万円の壁」や「百三十万円の崖」問題では、与野党が妥協する余地は十分あるが、「選択的夫婦別姓」問題は、イエスかノーかの二者択一しかなく、妥協の余地がない。

しかもこの問題は、対野党というより、自民党内に長年沈殿していた「保守派対リベラル派」の対立をあぶりだしてしまった。

図表6-11　2025年春以降の政局

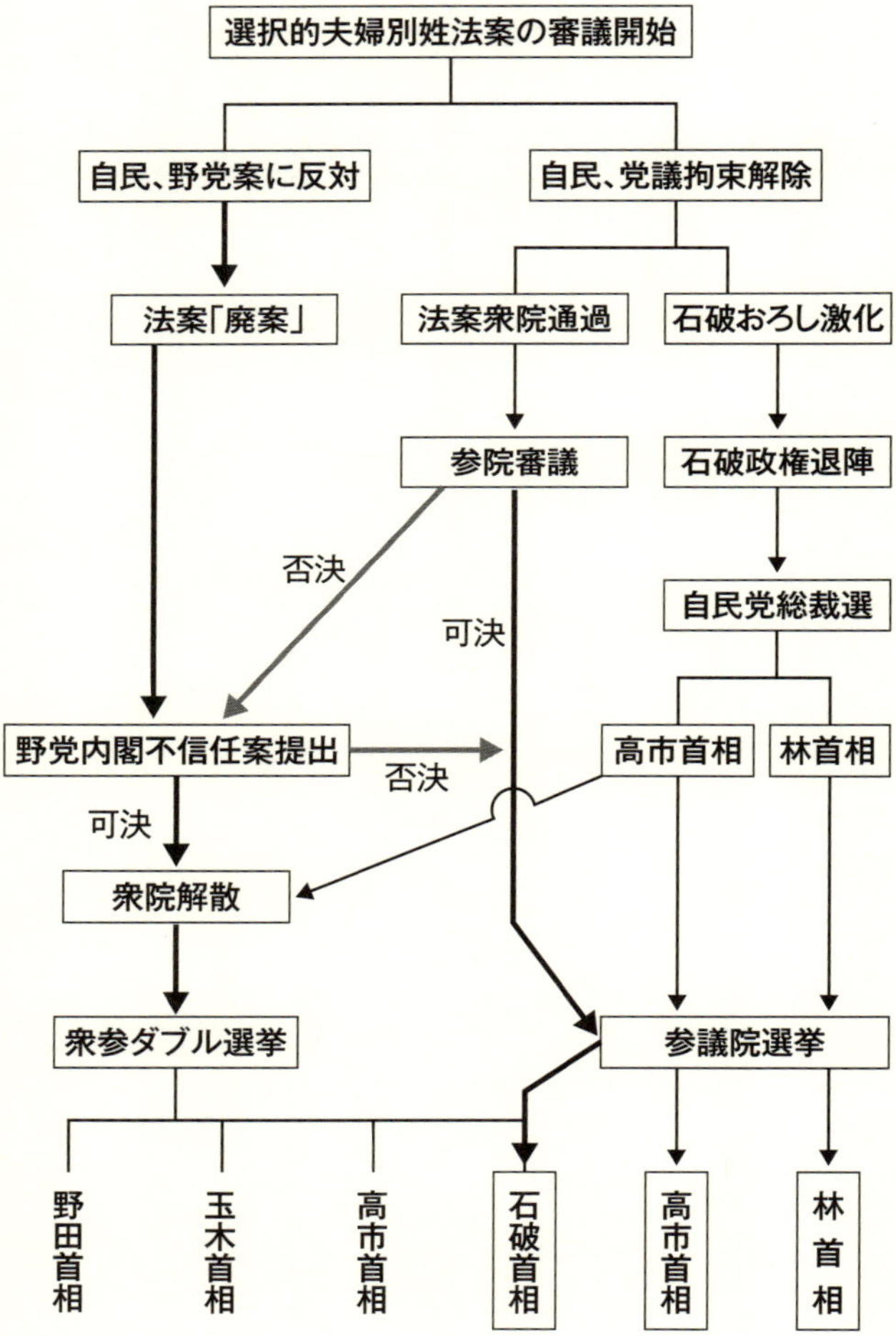

石破がシナリオ①、②のように参院選前に退陣に追い込まれれば、「ポスト石破」を争う自民党総裁選は、保守派を代表する高市早苗とリベラル派を象徴する林芳正、それに保守派の小林鷹之の動向も相まって熾烈なものになろう。現時点ではシナリオ②が最も現実味があるが、その結果がどうあろうとも自民党内のイデオロギー対立が、今後激化するのは確実だ。

仮に石破が、粘り腰を発揮して選択的夫婦別姓問題をうまく処理できても、次から次へと難題が降りかかってくる。アメリカ大統領に返り咲いたトランプとの関係も、盟友だった安倍晋三と比べられ、保守派から攻撃されるのは確実で、台湾海峡や朝鮮半島情勢も緊迫感を増している。

今夏、石破政権が衆参ダブル選挙に追い込まれる可能性も小さくない。一方で、高市が参院選前に政権を奪取すれば、衆参ダブル選挙に打って出て、少数与党状態の解消を図ろうとするだろう。

そうなれば、野党も政権交代の大チャンス到来となるのだが、立憲民主党内では、小沢一郎らに代表される衆参ダブル選挙に持ち込んで一気に勝負をつけようというグループと、まずは参院選で与党を参院でも過半数割れに追い込み、政権交代はそのあとの衆院選で、と考えている慎重派とに分かれている。

代表の野田佳彦は、どちらかといえば慎重派で、この点が石破続投の可能性を残している最大の要因だ。

つまり野党側としては、過度に石破を攻撃して早期退陣に追い込まないよう留意するはずだ。参院選を石破相手に戦う方が、高市や林よりやりやすいし、選択的夫婦別姓法案を参院選の争点に温存できる利点もあるからだ。

だが、政界はちょっとした小さな動き、つまりバタフライエフェクトで大きく動く。今回のシナリオでは可能性が低いため四つのシナリオから省いたが、自民党内の対立が激化し、ひょんな弾みから高市ら保守派が自民党を集団脱党し、政界再編の引き金となることだってあり得ないわけではない。何度も繰り返すが、政界の一寸先は闇なのである。

第七章

高市早苗が日本を取り戻す日

ここまで四つのシナリオをお示ししてきた。繰り返しになるが、最も実現可能性が高いのは、自公連立体制維持か自民、公明、国民民主の三党連立による林芳正政権誕生だ。続いて高市早苗が本邦初の女性総理大臣に就任するシナリオが僅差で後を追う展開になろう。だが、現実はともかく、私が二〇二五年の時点で望ましいと思っているのは、高市政権の樹立である。

あらかじめお断りしておくと、政治家・高市早苗には、何度も取材し、彼女に関する記事も幾度となく書いてはいるが、私は決して「高市推し」の記者ではなかった。

彼女に関しては客観的、いやむしろ批判的に書いてきたと言ってもいい。

以下は三年前、前々回の自民党総裁選が実施された後に書いた論評である。

三年前の高市早苗はこうだった

親族以外に世界中で安倍の死を最も悲しんだ一人が彼女であるのは、間違いない。

暗殺されたのが、こともあろうに彼女の選挙区がある奈良県であり、銃撃直後には「（参院奈良選挙区は自民党優勢で）二回も応援が必要ないのに高市が無理を言って元首相にきてもらったからこんなことになった」というデマ、中傷まで流れた。

それでなくとも岸田らと総裁の座を争った自民党総裁選で善戦できたのは、安倍の存在あってのこと。元首相自ら受話器をとって票集めに奔走、あわや決選投票進出か、というところまで追い込んだ。総裁選後に自民党三役である政調会長を射止めたのも元首相の後ろ盾が最後の決め手となった。

高市は、平成二十四（二〇一二）年の自民党総裁選で、清和会を離脱した。総裁選に立候補した当時の派閥会長、町村信孝ではなく、再起を図る安倍を全身全霊で応援するための「脱藩」だったが、派閥の仲間からはスタンドプレーとみられ、いまだに無派閥だ。

次回の総裁選にも立候補するには、二十人の推薦人を確実にするため新たに「高市グループ」を結成するか、清和会に出戻るしかないのだが、後者は、最大の理解者だった元首相なきいま、ほとんど不可能に近い。

ただでさえ、派内には萩生田光一、西村康稔、松野博一らとポスト岸田を狙う幹部が目白押しなのに、高市の座る席があろうはずはない。

新グループ結成も至難の業である。一時は総理の座をうかがう勢いだった石破派が空中分解したのも、ライバルの安倍から徹底的に人事でメンバーが干されたり、一本釣りされたこともさることながら、政治資金集めに難渋した点も見逃せない。

理念と政策だけでは、人は集まらない。カネとポストの切れ目が縁の切れ目なのは、昔も今も永田町の真理なのである。

ただ、彼女にはまだツキが残っている。

幸いだったのは、岸田が内閣改造党役員人事で、高市を無役にすることによって起こるであろうハレーション、つまり保守層の離反を恐れ、経済安全保障担当相というポストをあてがったことだ。

見栄えが良くて、官僚の部下も少ない「経済安全保障」担当に彼女を据えれば、虎を野に放つ愚は避けられる。岸田にとって実害のない渡りに船の好手だったのである。

（「安倍なきニッポンの未来　令和大乱を救う13人」令和四年十月発行・ビジネス社）

望ましい「二〇二五年の宰相」は

あれから三年。最大派閥で栄華を誇った安倍派が派閥解消で消えてしまうなぞ想像もできなかったように、政治状況は激変した。

二〇二五年の宰相にふさわしいのは、高市早苗をおいていない、と今は断言できる。

なぜ「二〇二五年の宰相」に高市がもっともふさわしいのか。その理由の第一は、賢明な読者の皆さんにはもうお分かりだろう。

一月二十日からアメリカで、トランプ政権がスタートするからにほかならない。

「日本国の首相がアメリカの大統領に左右されては、独立国とは言えない」という読者のお叱りは、ごもっともで「正論」ではある。

だが、八十年前に日本が連合国に降伏して以来、ＧＨＱ（連合国軍総司令部）による占領が終わった後もずっとアメリカとの関係、簡単に言えばアメリカの最高権力者である大統領（占領期はＧＨＱ総司令官）と日本国の首相の相性が、この国の盛衰を左右してきたといっても過言ではない。

ここでしばし、横道にそれて戦後八十年の日米関係を駆け足で振り返りたい。そうすると、なぜ高市が「二〇二五年の宰相」にふさわしいかが、よくわかるはずだ。

なぜ石橋湛山内閣は短命だったのか

日本の戦後復興は、良くも悪くも吉田茂抜きには考えられない。

外交官出身の吉田は、ＧＨＱ総司令官マッカーサーと良好な関係を結び、くだけた表現で書けば、「巧く取り入って」政敵であった鳩山一郎の公職追放解除期間を引き延ばすなどＧＨＱの威を借りて権力基盤を固めた。政策的には経済復興を第一にし、占領期に押し付けられた憲法改正を後回しにして安全保障を米軍に依存する「軽武装」路線の礎を築いた。

戦後日本を決定づけた吉田路線は、「吉田学校」といわれる、吉田が官僚から政界に引き上げたり、あるいは党人派の一部を懐柔して重用したりした池田勇人、佐藤栄作、田中角栄らによって引き継がれ、彼らが「保守本流」と呼ばれるようになった。

そんな経済第一、軽武装の「保守本流」路線が転機を迎えるのが、田中角栄の強力な後押しで昭和五十七（一九八二）年に発足した中曽根康弘政権である。

戦後政治の総決算をスローガンに登場した中曽根は、日米安保体制の強化を図った。ことに共和党出身の大統領、レーガンと個人的信頼関係を結ぶことに腐心し、「ロン・ヤス」関係をアピールしたのが功を奏した。昭和五十八（一九八三）年、サハリン沖で起きたソ連機による大韓航空機撃墜事件（乗員乗客二百六十九人死亡）では、ソ連軍機による撃墜を認めなかったソ連に対し、日米が連携して自衛隊が傍受したソ連軍機の交信を国連安全保障理事会の場で公開し、ソ連も認めざるを得なかった。

結果として日米関係は安定し、田中や福田赳夫ら「三角大福中」といわれた「ポスト佐藤栄作」の実力者五人の中では、最長の五年間、政権を保持した。

一方、アメリカとの関係構築に失敗した、あるいはアメリカ側から「好ましからざる政治家」と目された首相は、いずれも短期間しか政権が持たなかった。

自民党草創期の第二代総裁、石橋湛山は就任間もなく体調を壊し、在任日数はわずか六十五日だった。東洋経済新報を率いたジャーナリストの石橋は戦前、軍部の圧力にも屈しなかったオールドリベラリストで、戦後、政界に転じた。

第一次吉田内閣で大蔵大臣に抜擢された彼は、進駐軍の駐留経費問題などでＧＨＱと対立し、公職追放の憂き目にあった。当時国交がなかった中国との関係改善にも積極的で、アメリカにとっては「好ましからざる首相」だったのは間違いない。石橋は、全国遊説の途中、自宅に帰ったときに軽い脳梗塞で倒れた。「二か月の絶対安静」が必要との診断がでたため、国会での予算案審議に支障が出るとして石橋自身が辞任を決断したのだが、「アメリカの陰謀」説は長く消えなかった。

平成五（一九九三）年に実施された総選挙によって、十五代続いた自民党政権が終焉し、非自民連立政権が発足、細川護熙が宰相の座に就いたが、政権は一年も持たなかった。ちょうどこの年から米政権も、共和党から民主党に政権交代し、リベラル色の濃い細川とクリントンは波長が合うかとみられたが、さにあらず。日米貿易摩擦真っ盛りとあって懸案事項も多く、良好な関係構築とはいかなかった。

クリントンは自社さ政権で首相を務めた社会党出身の村山富市にも冷たかった。平成七（一九九五）年に大阪で開かれたＡＰＥＣ首脳会議に出席せず、主役の一人の不在に浪速っ子もがっかりしたとか、しなかったとか。村山は翌年早々、退陣する。

小泉を「わが友」と呼んだブッシュ

二十一世紀に入って首脳間の個人的関係は、ますます重要になった。

図表7（二一五ページ）のように、日米の首脳が良好なつきあいをしているときは、日米関係も安定している。逆に首脳間の関係が冷淡なときには、日米関係もうまくいってお

らず国益にも悪影響を与えている。

二〇〇一年一月、アメリカではクリントンに代わって共和党のジョージ・ブッシュが大統領に就任した。その三か月後に日本では、「自民党をぶっ壊す」を掲げた小泉純一郎が自民党総裁選で橋本龍太郎を大差で破って、念願だった首相の椅子に座った。

小泉は、中曽根・レーガン関係を範にして、ジョージ・ブッシュとの個人的関係を構築するのに全力を注いだ。同年六月三十日、初訪米でブッシュから野球ボールをプレゼントされると、アドリブでさっと投げ返した。「小泉は私がキャッチボールした唯一の指導者だ」と応じ、二人の仲はぐっと縮まった。小泉の作戦勝ちである。

同年九月十一日に起きた同時多発テロとそれに伴うアフガニスタン戦争、イラク戦争で、小泉は、いちはやくアメリカ支持を表明。自衛隊のイラク派遣も積極的に推進し、父・ブッシュ時代に起きた湾岸戦争で、ときの海部俊樹政権は多額の金銭的支援をしながら感謝もろくにされず、日米関係にもひびが入った轍は踏まなかった。

ブッシュは、回顧録で小泉を「わが友」と呼び、「私の父と彼の父は第二次大戦で戦ったが、小泉首相と私は民主主義拡大のため協力した」と述懐している。

当然のことながら日米関係は良好に推移し、小泉政権は奇しくも彼が、日米関係の模範とした中曽根政権と同じく五年間政権を維持した。

険悪だったバイデンと安倍

「ジョージ・ジュンイチロウ」関係を首相官邸で間近で見ていた安倍晋三は、首相になって小泉からブッシュ人脈を引き継いだが、就任翌年の参院選で大敗したうえ、体調不良も重なって第一次政権は一年しか持たなかった。

だが、第一次政権で経験した外交術は、第二次政権で花開くことになる。

第二次安倍政権の前半、安倍のパートナーは米民主党のオバマだったが、鮨好きという評判だった彼が訪日した際に銀座の名店・すきやばし次郎に招待しても話が弾むわけでもなく、会食の時間も短かった。「すきやばし次郎」が酒は控え目にしか出さず、鮨を集中

図表７　21世紀の米大統領と首相

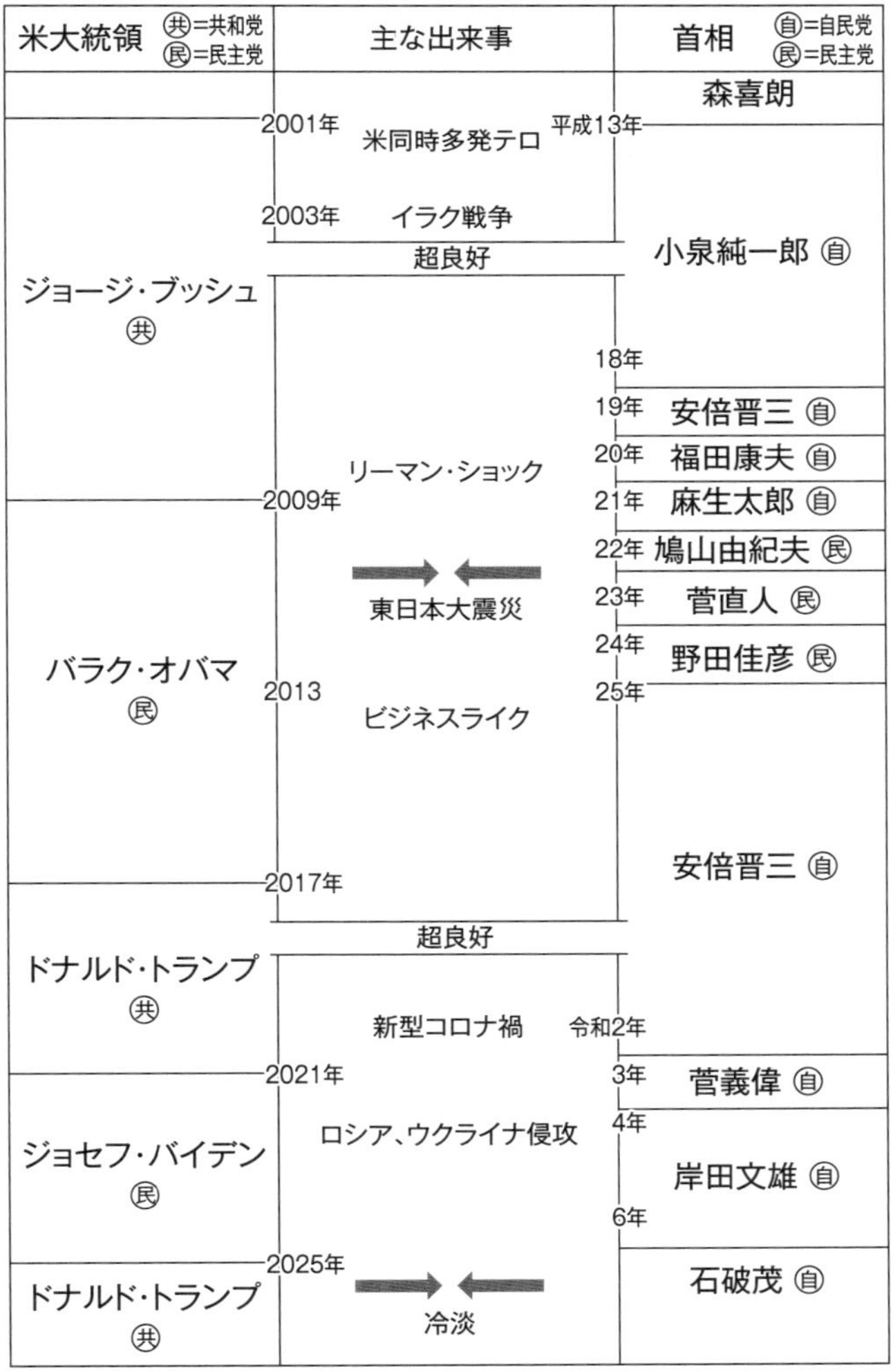

して食べるスタイルの店のためもあるが、極めてビジネスライクなものだった。

安倍自身も「首脳会談や会食の場で、私がジョークを言っても、彼はすぐに本題に戻す。弁護士だから話が非常に細かい。正直、友達みたいな関係を結ぶのは難しいタイプです」(『安倍晋三回顧録』中央公論新社)と語っている。

民主党政権時代、首相の鳩山由紀夫が沖縄米軍普天間基地の移転問題で「トラストミー」と言いながら、事態がまったく動かなかったことで、オバマには日本への不信感があったのではないか、とは安倍の見方だが、安倍—オバマ関係は可もなく不可もなくスタートした。

だが、オバマ政権は、安倍が首相就任の翌年末、靖国神社参拝に踏み切ると激しく反応した。当時は副大統領だったバイデンが主導して、「日本の指導者が隣国との緊張を悪化させる行動をとったことに米国は失望している」という同盟国の指導者を厳しく批判する異例の米政府声明を発表した。

この剣幕にさしもの安倍も翌年以降、靖国参拝を控えざるを得なかった。

いち早くブッシュと個人的関係を結んだ小泉が、在任中、毎年靖国神社を参拝してもアメリカ政府が無反応だったのと好対照だ。

安倍がこだわった戦後七十年談話もオバマ政権と中国、韓国に配慮した微温的な作文に終わってしまった。その半面、戦後七十年の節目にオバマの広島訪問とセットの形で安倍の真珠湾訪問が実現し、名実ともに日米和解が実現したのは、塞翁が馬だったが。

「アベには貿易交渉で譲り過ぎた」

隠忍自重を迫られたオバマ政権が終わり、共和党のトランプが大統領選で民主党のヒラリー・クリントンを破ったことで安倍は攻勢に出た。

外交上、翌年一月に開かれる大統領就任式が行われるまではトランプと会うべきではない、と反対する外務省を振り切って、側近の河井克行（後に大規模買収事件で逮捕）を密かにアメリカに派遣してトランプ陣営と接触させた。

自らも当選祝いの電話で「私はＡＰＥＣ首脳会議出席のためペルーへ行く。途中で米国に寄りたい。あなたがどこに行こうと会いに行く」と半ば強引に面会を迫った。

これにトランプが応じ、ニューヨークのトランプタワーで異例の「プレ日米首脳会談」が行われたが、就任祝いの電話を五分（一説には二分程度）で切られた石破とは大違い。会談では安全保障から経済問題まで幅広くとりあげられたが、何と言っても大きかったのはゴルフの約束を取り付けたことだ。

ゴルフをこよなく愛するトランプとの信頼関係は、この一瞬で確立した。

安倍も「最初の会談が、信頼関係の基礎になったことは間違いありません。国際情勢に関しては、私の意見を聞くという関係をつくることに成功したのです」（前掲書）と、回顧録で語っている。

以来、トランプは安倍を頼りにし、彼から頻繁に電話がかかってくるようになった。それも一時間はざらで、一時間半に及ぶこともあったという。

第一期のトランプ治世の四年間、欧州には国防費の大幅アップを求めるなど厳しい対応に終始したが、日本に対しては総じてマイルドな対応を示し、トランプ本人が「アベには貿易交渉で譲りすぎたかもしれない」と述懐したほどだった。

再びのトランプに対峙できるのは

そんなトランプが、再び登場した。

石破茂がトランプに太刀打ちできないのは、既に書いた。

では、「ポスト石破」候補の中で、トランプとの良好な関係を取り結び、日本の国益に資するのは誰か。

トランプに頼みにされた安倍の「一番弟子」と言っても過言ではない高市をおいていないだろう。

何よりも二人の思想信条が近いのが好材料だ。

高市は、憲法を改正して自衛隊を「国防軍」とするよう主張している。さらに高市は、国家の究極の使命として「国民の生命と財産」「国土と資源」「国家の主権と名誉」を守ることを挙げるなど、ゴリゴリの自国第一主義であるトランプと波長が合う。

高市は、さきの総裁選で「日本をもう一度世界のてっぺんに」をスローガンに「日本再興」を訴えたが、これはトランプが大統領選で訴えた「ＭＡＧＡ」（メイク　アメリカ　グレート　アゲイン・アメリカ合衆国を再び偉大な国にする）と瓜二つ。

神戸大学卒業後、松下政経塾で学んでいた若かりし頃、ワシントンに単身乗り込んでパトリシア・シュレーダー下院議員事務所で下働きをした経験から米議会やホワイトハウスのイロハを知ったうえで、通訳を通さずともトランプと話せることも彼女の強みだ。

もちろん、米ハーバード大学に留学した林芳正の方が、英語力でも人脈でも高市に勝っている。だが、ワシントンのエスタブリッシュメントと敵対してきたトランプが、ハーバードに留学したエリートの薫り高い林と肝胆相照らす仲になるとは、まったく想像できない。

さきの総裁選でいの一番に名乗りを上げた小林鷹之もワシントンに駐在した経験があ

り、英語も堪能で、思想信条も安倍に近いのだが、トランプとは親と子ほど世代が離れているのがネックだ。

トランプは、プーチンや習近平、ネタニヤフといった「強い指導者」に親近感を抱く傾向にある。安倍晋三もその一人だったが、さきの自民党総裁選を戦った石破を含め林にしろ、財務相の加藤勝信にしろ、前自民党幹事長の茂木敏充にせよ、前外相の上川陽子にせよ、「強い指導者」には程遠い。

その点、日本のサッチャーを目指す高市にはある種の「凄み」がある。これでゴルフができてトランプと一緒にコースを回れれば満点なのだが。

高市が克服すべき「欠点」

高市が二〇二五年の宰相にふさわしいもうひとつの理由は、二度続けて自民党総裁選で善戦しながらも敗退した経験を糧に、政治家としての成長の跡がみられるからだ。

岸田内閣の経済安全保障担当相として堅実に仕事をこなし、『日本の経済安全保障　国家国民を守る黄金律』（飛鳥新社）という本を上梓するほど政策に精通するようになっただけではない。各地で開かれる講演会は千客万来。今や小泉進次郎に勝る自民党きっての人気弁士に成長した。

令和六（二〇二四）年十月に投開票が行われた衆院選でも自らの選挙区にはほとんど戻らず、しかも自民党本部からの援助もほとんどなく自腹を切って全国を飛びまわった。

本人も総裁選前、ジャーナリストの櫻井よしこにこう語っている。

「この三年間、私が続けてきたのは、前回私を応援した方だろうが、別の候補者を応援した方だろうが分け隔てなく応援を引き受けてきた。『自民党が強くなるのだったら』と思って働いてきました。もうそれだけです。その他の努力はあまりしていません」（「言論テレビ」令和六年八月二日）

もちろん、まだまだ克服しなければならない欠点も多い。

令和六年九月の自民党総裁選では、党員票と国会議員票の割合が同じウエイトを占める一回目の投票では、トップだったのに、国会議員主体の決選投票で石破茂に二十一票差で逆転されたことが象徴するように、自民党議員の大多数を占める「中間層」の取り込みが下手なのである。

選挙応援の効果は抜群とはいえ、すべての選挙区をまわれるわけではなく、どうしても国家観を同じくする保守系の「同志」中心となる。

その同志とさえ、総裁選前は日常的な意思疎通不足が目立っていた。

当時、あるベテラン議員はこう語っていた。

「彼女の欠点は、自分から積極的にどっち付かずの議員どころか、高市シンパの議員たちも飲み会に誘わないことだ。呼ばれたら参加するわよ、という感じではどうしても親しみがわかない。要はコミュニケーション能力不足だ」

自民党派閥のリーダーには、保守本流を自任する宏池会のトップは別にして、ある種の「土俗性」が暗黙のうちに求められてきた。エネルギッシュで、過剰なまでのコミュニケーション能力のある「土の匂いがする政治家」が、リーダーとして君臨していた。田中角栄を筆頭に、金丸信、渡辺美智雄、亀井静香、二階俊博といった政治家たちだ。両親が共働きのサラリーマン家庭に生まれ、大学も政治家をあまり輩出していない神戸大学経営学部で学んだ彼女もまた上昇志向の強い「叩き上げ」型の政治家である。

持ち前のバイタリティで自らを売り込んでテレビ出演を重ね、知名度をあげた彼女は、平成四（一九九二）年の参院選に奈良選挙区から自民党公認候補として出馬すべく公認申請を県連に提出した。ところが、奈良選挙区は世襲の新人候補を準備しており、調整は難航。県連は拡大役員総会を開いて投票で候補者を決めたが、僅差で世襲候補が選ばれた。収まらない高市は、無所属で参院選に挑戦するも件《くだん》の世襲候補に惨敗した。

だが、万事塞翁が馬。彼女は、翌年の衆院選で奈良選挙区から無所属で出馬し、当選した。もし参院議員に当選していたら衆院への鞍替えが遅れたはずで強運だ。

当選後ほどなく、柿沢弘治率いる自由党に入党したものの、その年のうちに同党が新進党に合流したため、二回目の選挙は、新進党公認で出馬し当選。平成八（一九九六）年には、新進党を離党し、自民党に鞍替えした。

自民党に移籍してから十年は、落選もあって鳴かず飛ばずだったが、安倍第一次政権で内閣府特命担当大臣に起用されたのが転機となった。

麻生太郎の教えとは

このころから高市は、夜の会合もそこそこに議員宿舎に帰り、政策の勉強や読書に明け暮れる「晴耕雨読」の生活スタイルにすっかり変わったという。

民主党政権の三年三ヶ月は雌伏の時を過ごしたが、第二次安倍政権が発足すると、安倍は彼女を自民党政務調査会長に抜擢したのを皮切りに、総務大臣やマイナンバー担当大臣など要職に起用し続けた。将来の総理候補として育てようという意図があったのは、明白だった。

そんな「ボス」の期待に応えるべく高市はますます仕事にのめりこんでいくのだが、

「夜のつきあい」は、さらに減った。

さきの自民党総裁選で、票集めに奔走した高市陣営幹部は「同じ自民党の国会議員なのに、『高市さんってどんな人なの』と聞かれることがしょっちゅうだった。彼女とお茶を飲んだことのある人さえまれで、会食した議員に至ってはゼロだった」と振り返る。

総裁選最終盤で高市支持に舵を切った麻生太郎は、総裁選後、挨拶にきた彼女にこうアドバイスした。

「自民党の歴史の中で三年以上総理を務めたのは七人しかいねえ。俺も菅も一年で終わった。だから高市、用意しておけ。議員は仲間づくりが大事だから、これから半年くらい飲み会に行け」

高市は麻生の教えを守って、「飲み会」を精力的に行っている。ただ、招待する場所はもっぱら都心の一流ホテルのレストランか宴会場だとか。「長い間飲みに外へ出ていないので居酒屋やちょっと洒落たレストランを知らない」(前出の陣営幹部)からだが、彼女が仲間を居酒屋に招くとき、政権の座はぐっと近づいているはずだ。

エピローグ――この国には政界再編による強力な政権が必要だ

二〇二五年は、戦後八十年の節目の年であるとともに、自由民主党が結党してから七十年を数える。

自民党は、昭和三十（一九五五）年十一月十五日、東京・神田の中央大学講堂で産声を上げた。

一般には「昭和二十（一九四五）年八月十五日の終戦以後、日本の保守政党は群雄割拠し、ここでようやく保守勢力が一本化した」と思われているが、それは真実とは言えない。

終戦直後の保守政党は、群雄割拠ではなく、「一強」の時代だった。

町田忠治という男

町田忠治という政治家をご存じだろうか。

彼は幕末の文久三（一八六三）年、秋田に生まれた。新聞記者から実業界に転じ、明治四十五（一九一二）年の衆院選で、初当選を果たし政治家になった。以降、立憲同志会や憲政会など野党で活躍、昭和十（一九三五）年には民政党総裁に就任し、翌年の総選挙で民政党は第一党になった。だが、すでに政治の主導権は政党にはなく、直後に起きた二・二六事件がトドメを刺し、町田が首相になることはなかった。

その後、近衛文麿の新体制運動に抗しきれず、民政党は解党を余儀なくされ、大政翼賛会に吸収されてしまう。

終戦後、町田らが中心となって大日本政治会（翼賛政治会の後継団体）を母体にした日本進歩党が結成されたのは昭和二十年十一月のこと。

日本進歩党の総裁には、町田が就き、所属衆院議員二百七十三人を数える巨大政党だった（このときの衆院定数は四百六十六）。

これより少し前、鳩山一郎や河野一郎ら旧立憲政友会メンバーを中心に日本自由党が創立されるが、結党時の参加代議士は四十三人に過ぎなかった。戦後の混乱期と当時は保守主流派でないことも手伝って、結党資金のかなりの部分を児玉誉士夫に頼らざるを得なかった。この後、児玉は鳩山や河野らを通じて政界に大きな影響力を持つようになるのだが、その話はまた機会を改めよう。

昭和二十年十一月二十六日、第八十九回帝国議会が開かれ、女性への参政権を認める衆院議員選挙法改正案など戦後民主化の端緒となった法案が、進歩党などの賛成多数で次々と成立した。

ときの首相は、後に進歩党党首となる幣原喜重郎。帝国議会は会期末の十二月十八日に解散し、翌年一月二十二日に総選挙が実施されることが、いったん決まった。

これに待ったをかけ選挙延期を求めたのが、ＧＨＱ（連合国軍総司令部）である。

日本は、同じ枢軸国だった一党独裁体制のドイツやイタリアと異なり、戦時中も曲がりなりにも衆院選が実施され、議会も機能していた。

そのため終戦から早い時期に衆院の過半数を占める日本進歩党が旗揚げでき、第八十九回帝国議会を主導したのだが、日本の無力化を目指していたGHQにとっては不都合だったのである。

同党は、綱領に「国体を護持し、民主主義に徹底し、議会中心の責任政治を確立す」と掲げ、穏健な保守政治を実現しようとしたが、GHQには、軍国主義を支えた旧勢力にしか映らなかった。

このまま選挙に突入すれば、進歩党が勝利するのは確実だとみたGHQは、荒業に出た。衆院解散後の昭和二十一(一九四六)年一月四日、最高司令官マッカーサー名で、いわゆる公職追放令を出したのである。

公職追放によって、進歩党は二百七十四人の全議員中、二百六十人もが追放され、立候補すらできなくなった。町田も政界から追われ、その年の十一月、失意のうちに世を去った。

政界は大混乱に陥った。衆院選は、延期につぐ延期でようやく四月十日に実施され、日本自由党が第一党になった。党首の鳩山一郎が首相に就任するのは確実とみられたが、GHQは彼をも公職追放し、すったもんだの末、吉田茂が首相の椅子に座った。

全議員がわずか十四人になった進歩党は、それでも善戦し、九十四議席を獲得したが、野に下った。

進歩党はまもなく民主党に衣替えし、これまたすったもんだの末、離合集散して吉田が率いてきた自由党などと合同し、自民党が誕生したときには、進歩党結党から十年の歳月が流れていた。

イデオロギーなき党

結党七十年を迎えた自民党は、好むと好まざるとにかかわらず、大きな転換点を迎えている。

さきほど書いたように、GHQは戦前政党の流れを汲む第一党だった日本進歩党を解体し、新興の親米保守政党というべき「吉田自由党」を政権政党に育成した。この保守の二大潮流が、過去の因縁と相まって水と油だったのは言うまでもない。

昭和三十年、左右社会党の統一という左翼の攻勢に対抗する形で、「保守合同」を大義名分にしてできた自民党にイデオロギー色が薄いのは、結党時に主義主張をどちらかに寄せることができなかったからである。

このため「政権政党」であることを一枚看板にせざるを得なかった自民党は、政権基盤が弱くなると、あるときは新自由クラブと、またあるときは社会党と、今は公明党と、あるいは国民民主党と、といったふうに組む相手を柔軟に替えてきた。逆に言えば、イデオロギー色が薄いからこそ、三年三カ月で終焉した民主党政権などと違って、長く政権を担ってこられたといえる。

石破茂の「(総裁選で)当選したら、自分が掲げたこと、全て我が党はこれでやるというようなことを私どもの党はやったことがない」という発言は、自民党の「生き様」を見事に表現している。

ポピュリズムと「現状打破」

だが、世界的に隆盛となったＳＮＳを武器に黒か白かの二者択一を迫るポピュリズム政治は、すでに日本にも上陸した。

自社両党による「五十五年体制」と呼ばれた密室談合政治（これはこれで味わい深かったが）は、とっくの昔に終わり、その変型である「熟議の政治」も国民から冷めた目で見られている。

少子高齢化が進み、戦後日本の最大の武器だった経済力も衰えてきた今、国民の不満はマグマのように溜まりつつある。

「現状を打破してもらいたい」という国民感情の一端が、昨年の「石丸現象」や「さいとう現象」、それに衆院選での与党大敗という結果に現れたのである。

こうした国民の不満に洋の東西を問わず、既成政党は、十分に対応できていない。経済のグローバリズム化が進み、一握りの勝者が富の大半を独占する世界では、従来の政治ルールは、通用しないからだ。

アメリカでは、かつて労働者の党だった民主党が、いつの間にかウォール街や西海岸の富裕層の権益を守る党に変質し、自国第一主義を掲げるトランプに事実上乗っ取られた共和党に完敗した。

日本でも令和六年の自民党総裁選で、高市早苗が総裁の椅子にあと一歩まで迫った。決選投票で、自民党の国会議員は、従来型政治家の典型である石破を選択した。これが、同党にとって運の尽きだった。

しかも総裁選に出馬したそのほかの八人のうち、閣僚や党四役クラスに石破が登用したのは、林芳正、加藤勝信、小泉進次郎（衆院選後に辞任）の三人にとどまり、挙党体制を組めなかった。

自民党が敗北したのは、「政治とカネ」の問題もさることながら、挙党体制さえ組めない政党では「新しい日本」の物語を紡ぐことができない、と有権者が判断を下したためだ。

立憲民主党の大幅議席増は、自民党の「敵失」によるものだが、国民民主党が、四倍増の二十八議席を獲得できたのは、「百三万円の壁」を打ち破るという具体的な「壁＝政治的課題」を提示し、それを「打ち破る」と表現、現状打破の姿勢を示したことが大きい。

政界再編のカギを握るのは……

「歴史は繰り返さないが、韻を踏む」とよく言われるが、自民党の歴史も韻を踏んでいる。

結党間もない自民党は、六〇年安保闘争で、最初の危機を迎えた。デモ隊が国会を幾重にも取り囲み、首相の岸信介は退陣に追い込まれた。以降、次のように十六ないし十七年ごとに危機が訪れているのだ。

一九六〇年　六〇年安保闘争。岸信介内閣総辞職
一九七六年　新自由クラブ結党。ロッキード事件で田中角栄逮捕
一九九三年　自民党分裂。細川護煕を首班とした非自民連立政権樹立
二〇〇九年　総選挙で自民大敗。政権交代が実現し、民主党政権誕生
二〇二五年　？

ちょうど前回の政権交代から十六年が経った今年、政界に大きな変動が起こるのではないかという観点から四つのシナリオを提示したが、既に耐用年数がきている自民党は根本的な「大規模改修」か「建て替え」の時期にきている。

というのも現状のままでは、自民党が党是としてきた憲法改正を実現するメドがまったく立たないからだ。

憲法改正がなぜ大事なのか。その第一は、この国が抱えている宿痾のような政策課題の多くが、憲法を改正することで解決へ動き出すからだ。

占領下にGHQが日本を軍事的に無力化し、封じ込めるために盛り込んだ第九条が、冷戦終結後も生き残っている魔訶不思議さもさることながら、「同性婚」容認や「選択的夫婦別姓制度」導入も憲法を改正すれば、容易にできるのに左派が憲法改正を主張しないのは、日本政治がダイナミズムを失っている何よりの証拠だ。

現行の自民、公明連立政権では、いつまで経っても憲法改正が実現できないのは、改憲に積極的だった安倍晋三が、衆参ともに公明党を含めて三分の二の改憲勢力を確保したときでもできなかったことが、雄弁に物語っている。

公明党が改憲勢力ではないのは、はっきりしている。改憲勢力と言えるのは、自民党の大半と日本維新の会、国民民主党の大半、それに参政党、日本保守党である。

一方、護憲勢力は立憲民主党の大半と公明党、それに自民、国民民主両党の一部である。日本共産党は、現在は「護憲」を強調しているが、憲法に規定されている天皇制については「将来、情勢が熟したときに、国民の総意によって解決されるべきものである」と含みを持たせている。

「憲法の壁」を破ってこそ、閉塞状態にある日本社会の現状を打破できる、と私は考える。そのためには、七十年前の保守合同に匹敵する政界再編がぜひ必要だ。

幸い、さきの自民党総裁選で「国家を守り、国富を生み出す活路を拓くことが政治の使命」と主張して出馬した小林鷹之をはじめ自民党内には、憲法改正や安全保障、経済政策を重視した中堅・若手議員が増えている。参政党、日本保守党は言うに及ばず、日本維新の会や国民民主党にも同様の考え方をしている議員が多い。

一方で、総務大臣を務める村上誠一郎のように安倍政権時、安保法制に反対、あるいは慎重論を唱えた与党議員も少なくなかった。首相の石破にしても、最も気心がしれているのは、野党の前原誠司で、政界ではそここで、ねじれ現象が起きている。

一月に発足したばかりのトランプ政権が今後、日本に厳しい選択を迫るのは確実だ。台湾海峡では、いつなんどき有事が起きても不思議ではない。朝鮮半島もまた然り。

今こそ、この国には政界再編による強力な政権が必要だ。

もちろん再編には、七十年前に最後まで反対した吉田茂を押し切ったように、大きな抵抗をはねのけるエネルギーが必要だ。同時に高市早苗や玉木雄一郎といった個性が強い政治家同士を結び付ける仲介者も不可欠である。その仲介者には、安倍未亡人が最適だろう。彼女には「安倍晋三の遺志を継ぐ」という葵の印籠とトランプ夫妻との太いパイプがあるからだ。

最後の最後に初夢を披露させていただいたが、年末年始のタイトなスケジュールの中、遅れがちな原稿を我慢強く待ってもらったビジネス社の中澤直樹氏をはじめ、ご協力いただいた関係者、なによりも拙著をお買い求めいただいたあなたに、心より感謝申し上げて稿を終えたい。

【著者略歴】
乾 正人（いぬい・まさと）
1962年、兵庫県神戸市生まれ。筑波大学比較文化学類卒業、1986年4月、産経新聞社入社。新潟支局、整理部、政治部などを経て政治部長。その後、編集局長、論説委員長を経て、現在、上席論説委員兼特別記者兼コラムニスト。
著書に『「影の首相」官房長官の閻魔帳』『自民党崩壊』（以上、ビジネス社）、『令和阿房列車で行こう」（飛鳥新社）、『政治家は悪人くらいでちょうどいい！』（ワニブックス）など。

高市早苗が日本を取り戻す！

2025年2月1日　第1刷発行

著　者　乾　正人
発行者　唐津　隆
発行所　株式会社ビジネス社
〒162-0805　東京都新宿区矢来町114番地 神楽坂高橋ビル5F
電話　03(5227)1602　　FAX　03(5227)1603
URL　https://www.business-sha.co.jp

〈カバーデザイン〉HOLON
〈本文DTP〉有限会社メディアネット
〈印刷・製本〉株式会社広済堂ネクスト
〈編集担当〉中澤直樹　〈営業担当〉山口健志

ISBN978-4-8284-2693-8